韓国語の第一歩
ライティング

企画｜韓国・国立国語院／韓国語世界化財団
著者｜イ・ヘヨン／キム・ジョンファ／パク・ナリ
翻訳｜徐周煥（ソ・ジュファン）

三修社

韓国語の第一歩

ライティング

はじめに

　韓国語は今や、世界70か国の中・高等学校と大学、そして一般の方がたが学習する世界の10大言語に属する国際的な言語となっています。さらにまた、700万名に及ぶ在外韓国人の子供たちが週末の課外教室などで様ざまな形で学んでいます。このように、韓国語の文字であるハングルは、世界文化遺産にも登録された人類の偉大な文化と言えます。

　また、国際業務の円滑化、ワールドカップの影響、韓流、観光などで、韓国に対する関心は高まり、多くの外国人が韓国語を学習しており、韓国語を学びたいと思う人たちがこれまでになく増えています。こうした時期に、韓国語をもう少したやすく、かつ体系的に学ぶことができるような教材の必要性は、学習者と教師ともども切実に感じています。したがって、本教材はこのような要求に基づいて編集されました。

　これまで、多くの機関と個人によって韓国語教材が作られてきました。しかし、それらは機関の性格や国ぐにの特性が表れ、世界のすべての韓国語学習者たちが自由に使うのにはいくつかの難点がありました。このたび、韓国語世界化財団で編纂された教材は、世界のどの国でも自由に入手でき、様ざまな形態の教材として使えるように特別に作られたものです。言い換えれば、ある特定の集団を考慮してではなく、韓国語を学びたい人が広く誰にでも使えるように編纂されました。

　これまで韓国語の教材としてリスニング、スピーキング、リーディング、ライティングなどが個々別々に編纂されたものが多く、それらの長所にもかかわらず、それぞれの言語機能を独立して強調したり、あるいはそれぞれの機能間の有機的な関係を維持しているものの、体系的な学習をするには難点がありました。しかし、本書は韓国語に初めて接する人たちがとっつきやすいばかりでなく、体系的に学べるところに目的を置いています。

　本書は4巻からなり、「話す」(スピーキング)、「書く」(ライティング)、「聴く」(リ

スニング)、「読む」(リーディング)の4つの領域に分け、初級学習者に必要な主題と機能を選び、これにともなう学習語彙(ボキャブラリー)と文法、そして学習活動と課題を提示しました。そして、各課程中心の学習を通じて正確に学習できるように努めました。

　本書は単元の前に学習すべき目標を提示し、様ざまな絵を活用し、学習を計画できるようにし、単元の中間や最後で関連する文化を説明し、最後に自己採点(採点)できるようにするなど、最初から最後まで学習者自らが責任をもって学べるように作られています。本書に使われている様ざまな挿絵や写真は、韓国語を学び、教える資料として活用できるように配慮しました。したがって本書は、スピーキング、ライティング、リスニング、リーディングなど、機能別に独立して学び、教えやすく、また関連する主題と機能を統合して学び、さらに教えられる長所があります。本書は、まず英語に訳された後、すぐに各国語に訳される予定で、さらに学習者のワークブックや教師の指針書として刊行される予定です。したがって、各国の韓国語学習者と教師たちのために、広く活用されるものと確信しています。

　本書を編纂するための企画は、1999年から開始されました。この間、高麗大学の金貞淑教授（キムジョンスク）と梨花女子大学の李海英教授（イ・ヘヨン）の責任のもと、多くの研究者の努力で進められました。当初は2001年度に実物教材として出版を予定していたが、内容をもう少し充実するためにかなり遅れました。

　そして本書は、韓国語教育の活性化の画期となることを期待しています。我われは本書の刊行に満足せず、引き続き中級、上級の韓国語学習書を出版する予定です。そのためにも、本書を使う方がたの関心と配慮が必要です。

　本書の刊行までには、たくさんの方がたの苦労がありました。まず、国庫補助金の支援とともに、粘り強い関心と愛情をもって本書の発刊に寄与してくれた文化観

光部(省)、ならびに編纂に当たられた韓国語世界化財団に感謝したいと思います。また、本書の編集のために企画と研究にひとかたならない努力を注がれた「韓国語世界化推進委員会」の関係者、および韓国語の教育現場で本書の刊行を待ち望んでいた韓国語教師、さらに学習者たちに感謝いたします。最後になったが、本書を使いやすく編集してくれたハルリム出版社、および日本版の翻訳に当たられた徐周煥(ソ ジュファン)氏にも惜しみない感謝を捧げる次第です。

　とにかく、本書が韓国語を学び教える方がたにささやかな助けになることを期待し、韓国語が世界に普及する下地になることを切に望みます。

2008年6月
韓国・国立国語院

イントロダクション

序文
本書は初心者の作文能力の向上のために作られました。実際のコミュニケーションの場面で使える作文課題をこなすことにより、学習者の韓国語の伝達能力を向上させることがこの本の目的です。

目的
1. 学習者が文章構造やスペリングの規則を正確に理解し、使えるようになること。そして日常生活で遭遇しうる話題を下見すること。
2. 学習者が、自分自身や自分の家族に対する考えや、自分の日常生活に関する考えをはっきりと表現できるようになること。
3. 書き取りや、リスト作成や、メモを取ることや、書類作成や、カードや手紙を書くこと、何かを説明したり描写することといった日常生活に必要な基本的な用事をこなせるようになること。
4. 学習者が、簡単な会話レベルでの文章を書く際に、構造的な正確さと一貫性と統合性をもって、自分の考えや感情を整理できるようになること。
5. 学習者が話し言葉との性質の違いを意識しながら書き言葉での韓国語を使えるようになること。

このテキストの構成
このテキストブックは20のレッスンから構成され、各レッスンは次のように作られています。「目標」、「導入」、「例文」、「ボキャブラリーと表現」、「課題」、「新しいボキャブラリーと表現」、「自己評価」、「文化」の項目から構成されています。

「目標」はそのレッスンの目標を示し、また課題やボキャブラリー、文法そして文化を含みます。

「導入」は学習者に興味を持たせるための写真と、韓国語での簡単な質問からなり、学習者が概要を摑めるようになっています。

「例文」の部分では、各レッスンの内容を示す、例文が書かれています。「例文」で出てきた新しいボキャブラリーの訳はその下に載っています。

「ボキャブラリーと表現」のパートでは、話題を示すために、またそれらの意味により分類された機能をするように単語と表現が使われており、学習者の能力を伸ばす助けになります。

「文法」のセクションには、学習者がミスをしないように作文を理解し実践できるように、韓国語の文法の説明があります。単に文法の暗記をするのではなく、一言語としての韓国語を役立てるための土台として文法を使いましょう。

「課題」はそれまで学習した文法やボキャブラリーを用いての実際の作文の作業からなっています。「課題」は実生活で遭遇する課題から構成され、各レッスンには3つの課題があります。「課題」は学習者のバックグラウンドの知識や経験を使うことにより文章を書く過程をより重要なものにします。これらの課題は基礎から難しい技術まで、シンプルなものから複雑なものまで、教育上の課題から実生活の課題にまで及び、一つ一つの課題がその次の課題をこなすための力となるようになっています。

「新しいボキャブラリーと表現」のセクションは「文法」と「課題」のセクションで出てきた新しい言葉からなっています。

　「自己評価」では学習者が後で自分の勉強の参照として役立つように、自分の韓国語の能力を採点します。

　「文化」は各レッスンの主題に関連した文化のガイダンスを通して韓国での生活様式や、韓国の社会を理解する助けとなります。

本書の構成

レッスン	タイトル	内容	課題
韓国語の文字を覚える	1. ハングル	・韓国語の文字の仕組みを理解する	
	2. 基本的な韓国語の文字	・基本的な母音と子音の文字を書く	
	3. その他の韓国語の文字	・複合した母音と子音の文字を書く	
	4. 音節の始まりと終わり	・発音を理解する	
	5. 音節の構成	・音節の構成を理解する	
1	自己紹介	・適切な表現とボキャブラリーを使って自己紹介を書く	・他の人に自己紹介をするための文章を書く。プロファイル用紙を埋める。短い自己紹介文を書く
2	位置	・適切なボキャブラリーや文法を用いて物の位置や有無を説明できるようにする	・部屋の中の物を見つける。教室を描写する。自分の部屋を描写する
3	動作	・基礎的な韓国語の動詞を使って日常の行動を描写する	・日常の行動を描写する、絵に描かれている動作を描写する。街の人々の様ざまな行動について書く
4	時間	・1日の時間の表現の仕方を学び、ここで習得する時間表現を使って1日の予定を書けるようにする	・1日のスケジュールを説明する。絵を見ながら1日を描写する。あなたの1日について書く
5	週末の活動	・場所やレジャー活動についてのボキャブラリーと表現を学び、週末に何をするかを表現できるようにする	・あなたがどこに出かけ、そこで何をしたかについて書く。あなたが週末に何をしたかについて書く。日記を書く
6	買い物	・買い物ついて書けるようにする。お店で買い物をするときに量や値段などの正しい表現を使えるようにする	・買い物リストを作る。あなたがお店で買ったものについて書く。近頃の買い物の経験について書く
7	計画・約束	・日付や曜日に関する表現を学び、未来の計画や約束について書く	・今週と来週の計画を書く。未来の計画を描写する
8	季節・天気	・天気や時間について描写できるようにする	・世界の天気について書く。韓国の四季について書く。あなたの好きな季節について書く

ボキャブラリー	文法	文化
挨拶、国、国籍、職業	저는 -입니다	・韓国人の挨拶のマナー
物、場所	-이/가 있습니다 -이/가 없습니다 -이/가 -에 있습니다	・韓国の位置
基本動詞、基本動詞に関連したボキャブラリー	-ㅂ니다/습니다 -ㅂ니까/습니까 -을/를 -은/는	・韓国語で人を呼ぶ
日課、韓国語と漢語数詞、時間に関する表現	-에 -에 가다/오다/다니다	・韓国人の1日
場所、週末の活動	-았/었/였습니다 -았/었/였습니까 -에서	・韓国人の週末
物、果物、数字	수량명사 -와/과 안 -고 싶다	・韓国の通貨
月、日、曜日、日付と時間	-(으)ㄹ 것이다 -(으)ㅂ시다 -기로 하다	・コリアンタイム
天気、季節に関するボキャブラリー	-고 -은/는 -이/가 ~	・韓国の季節と天気

本書の構成

レッスン	タイトル	内容	課題
9	家族	・適切なボキャブラリーと表現を使って自分の家族について書けるようにする	・自分の家族について書く。自分の家族のメンバーの紹介をする
10	感謝と謝罪	・適切な表現を使って感謝を表現したり、謝罪をできるようにする	・感謝状を書く。謝罪文を書く。誕生日カードを書く
11	趣味	・適切な表現と頻度を表す適切な助動詞を用いて自分の趣味を描写する	・あなたが一番好きな（嫌いな）活動を説明する。どれくらいの頻度でそれをするか説明する。自分の趣味を紹介する
12	場所の紹介	・適切な表現を使って色々な場所を描写したり、それらの場所を勧められるようにする	・あなたの部屋を他の人たちの部屋と比べる。あなたがよく行く場所を描写する。いろいろな場所を紹介する
13	健康	・体の部位や病気の症状を表す適切なボキャブラリーと表現を使い、自分の健康について話すことができるようにする	・風邪の症状と治療法について書く。健康に関する話題で提案をする。自分の健康状態について書く
14	交通手段	・様々な移動手段と、ある場所から別の場所への移動時間について話せるようにする	・移動手段を表現する。韓国民俗村への行き方を表現する。友達に自分の家までの道順を説明する
15	旅行	・旅行したことのある場所についての短い文章を書けるようにする	・旅程表を書く。旅行中に撮った写真に基づいて文章を書く。旅行についての短文を書く
16	容姿・服装	・適切な表現を使って容姿や服装を描写できるようにする	・自分の容姿を描写する。写真に写っている人々を描写する。自分の理想のタイプの人物を描写する
17	感情・気分	・感情や気分の表現を用いながら自分の感情や気分を描写できるようにする	・あなたの友人たちがどのような気分でいるか描写する。様々な感情のときに取る行動について書く。あなたの人生の最も幸せだった時間について書く
18	手紙	・適切な表現を使って手紙を書けるようにする	・封筒に自分の韓国での住所を書く。返事を書く。友人に手紙を書く
19	学校生活	・学校と寮での寝食に関連する表現を使って学校のガイドを書けるようにする	・寮のガイドを書く。学校生活の告知を書く。学校の宿泊設備を紹介する
20	案内・広告	・関連する表現を使って告知や宣伝を行う	・公演発表のプランニングを行い、宣伝をする。講堂での案内をする。公演発表の招待状を出す

ボキャブラリー	文法	文化
家族のメンバー、敬称	−(으)시− −께서 −께서는	・韓国人の家族
出会いと別れに関する表現、その他の表現	−아/어/여서 −겠습니다	・韓国人の感情表現１
趣味、頻度を示す副詞、期間を示す表現	−는 것 −(으)러 가다 −에	・韓国人の趣味
形や状態に関連した表現	−에 가서 −(으)십시오 −지 마십시오	・南大門市場、東大門市場
身体や症状に関連したボキャブラリー、病気に関する表現	−아/어/여야 하다 −지 않다	・韓国の病院と薬局
移動手段、移動に関する表現	−에서 −까지 −부터 −까지 −보다	・ソウルの公共交通機関
旅行の目的地、旅行に関する表現	−아/어/여 보다 −(으)ㄴ 후에 −기 전에	・済州島について
容姿、衣服と靴、衣服の脱ぎ着に関する表現	현재 시제 관형사형	・韓服について
感情や気分、感情表現に関するボキャブラリー	−지만 −(으)ㄹ 때	・韓国人の感情表現２
手紙などに関する表現	동사의 과거 시제 관형사형 −고 있다	・韓国人の手紙の書き方
寮の設備、学校の設備、その他の表現	−(으)면 되다 −(으)ㄹ 수 있다/없다	・韓国の大学生の下宿生活
案内や宣伝に関するボキャブラリー、公演発表に関する表現、公共の講堂でのエチケットに関する表現	−아/어/여 주다 −(으)면 안 되다	・サムルノリとナンタ

目次

はじめに 5
イントロダクション 8
本書の構成 10
ハングルを覚える 16

レッスン 01　자기소개 (自己紹介) 30
レッスン 02　위치 (位置) 42
レッスン 03　동작 (動作) 54
レッスン 04　시간 (時間) 70
レッスン 05　주말 활동 (週末の活動) 86
レッスン 06　물건 사기 (買い物) 100
レッスン 07　계획・약속 (計画・約束) 116
レッスン 08　계절・날씨 (季節・天気) 130
レッスン 09　가족 (家族) 144

レッスン 10	감사와 사과 (感謝と謝罪)	158
レッスン 11	취미 (趣味)	170
レッスン 12	장소 소개 (場所の紹介)	186
レッスン 13	건강 (健康)	198
レッスン 14	교통수단 (交通手段)	210
レッスン 15	여행 (旅行)	222
レッスン 16	용모・복장 (容姿・服装)	238
レッスン 17	감정・기분 (感情・気分)	250
レッスン 18	편지 (手紙)	262
レッスン 19	학교 생활 (学校生活)	276
レッスン 20	안내・광고 (案内・広告)	288

正解 302
索引 312

ハングルを覚える

1. ハングル

韓国語の文字であるハングルは、1443年に世宗大王(セジョンテワン)と集賢殿(招集された賢者たちの研究所)の学者たちにより創られました。ハングルが創られるまでは、韓国語の書き言葉は漢字で記されていました。しかし、漢字は一般の人びとが使うには難しかったため、このやり方は一部の特権階級しか使えませんでした。ハングルは一般の人びとも、自分の考えを文章を通して伝えられるようになるために発明されました。

ハングルは24の基本的な母音と子音を使って、人間の発音のほぼすべてを記すことができます。ハングルを形作る原則は次の通りです。
基本的な母音は '・'、と '―' と '丨' により構成され、これらはそれぞれ天と地、そして人を表しています。基本的な子音の形は発音と滑舌のときの口、唇、歯、舌、そして喉の形を反映しています。

ハングルは世界で最も科学的で、創造的な言語の一つです。ハングルは発音に従って書かれる、音声を表します。わずか数時間、勉強するだけで簡単にハングルを書けるようになるでしょう。それだけでなく、24種類の基本的な文字と、それらを組み合わせた16個の組み合わせからなる40種類の文字を使って、人間の発音のほぼすべてを書き表すことができます。

2. 基本的な韓国語の文字

2.1 韓国語の基本的な母音文字

韓国語には10種類の基本的な母音があります。韓国の母音の文字は上から下に、左から右に書かれます。それぞれの文字の名前を覚えながら、下の表にそれらの母音を書く練習をしましょう。

✏️ 〈練習〉書いてみよう。

子音	名称	音価(発音)	書き取り練習					
ㅏ	아	[a]	ㅏ					
ㅑ	야	[ja]	ㅑ					
ㅓ	어	[ʌ]	ㅓ					
ㅕ	여	[jʌ]	ㅕ					
ㅗ	오	[o]	ㅗ					
ㅛ	요	[jo]	ㅛ					
ㅜ	우	[u]	ㅜ					
ㅠ	유	[ju]	ㅠ					
ㅡ	으	[ɨ]	ㅡ					
ㅣ	이	[i]	ㅣ					

2.2 基本的な韓国語の子音文字

韓国語には14個の基本的な子音があります。母音と同じように、韓国語の子音は上から下に、左から右に書かれます。それぞれの文字の名前を覚えながら、下の表にそれらの母音を書く練習をしましょう。

✏️〈練習〉書いてみよう。

子音	名称	音価(発音)	書き取り練習					
ㄱ	기역	[k/g]	ㄱ					
ㄴ	니은	[n]	ㄴ					
ㄷ	디귿	[t/d]	ㄷ					
ㄹ	리을	[l/ɾ]	ㄹ					
ㅁ	미음	[m]	ㅁ					
ㅂ	비읍	[p/b]	ㅂ					
ㅅ	시옷	[s/ɕ]	ㅅ					
ㅇ	이응	[ŋ]	ㅇ					
ㅈ	지읒	[c/ɟ]	ㅈ					
ㅊ	치읓	[cʰ]	ㅊ					
ㅋ	키읔	[kʰ]	ㅋ					

ㅌ	티읕	[tʰ]	ㅌ				
ㅍ	피읖	[pʰ]	ㅍ				
ㅎ	히읗	[h]	ㅎ				

3. その他のハングル

基本的な文字で表されていない音は、その組み合わせで表記されます。

3.1 母音の文字

母音の組み合わせは次の通りです。それぞれの文字の名前を覚えながら、下の表にそれらの母音を書く練習をしましょう。

✏️ 〈練習〉書いてみよう。

母音	名称	音価(発音)	書き取り練習				
ㅐ	애	[ɛ]	ㅐ				
ㅔ	에	[e]	ㅔ				
ㅒ	얘	[jɛ]	ㅒ				
ㅖ	예	[je]	ㅖ				
ㅘ	와	[wa]	ㅘ				

ㅙ	왜	[wɛ]	왜						
ㅚ	외	[ø/we]	외						
ㅝ	워	[wʌ]	워						
ㅞ	웨	[we]	웨						
ㅟ	위	[y/wi]	위						
ㅢ	의	[ɨi]	의						

3.2 子音の文字

1) 子音の文字のなかには基本子音を二重にすることで形作られるものもあります。それぞれの文字の名前を覚えながら、下の表にそれらの母音を正しい順序で書く練習をしましょう。

✏️〈練習〉書いてみよう。

子音	名称	音価(発音)	書き取り練習				
ㄲ	쌍기역	[k']	ㄲ				
ㄸ	쌍디귿	[t']	ㄸ				
ㅃ	쌍비읍	[p']	ㅃ				

| ㅆ | 쌍시옷 | [s'] | ㅆ | | | | | |
| ㅉ | 쌍지읒 | [c'] | ㅉ | | | | | |

2) 基本的な子音の文字と、ㄲ, ㄸ, ㅃ, ㅆ, ㅉは音節の初めに用いることができます。それ以外の11種類の、2つの子音の文字の組み合わせにより成り立つ子音の文字は、音節の初めに用いることはできず、音節の終わりにのみ使います。

ㄳ, ㄵ, ㄶ, ㄺ, ㄻ, ㄼ, ㄽ, ㄾ, ㄿ, ㅀ, ㅄ

4. 音節の初めと終わり

韓国語では子音は音節の終わりだけではなく、音節の初めにも用いることができます。また、そのオリジナルの音を音節の初めに持っている子音は、音節の終わりに用いられるときには様ざまな音を表します。

例えば、ㄱとㅋは音節の初めでは[k]と[kʰ]と発音しますが、音節の終わりでは破裂音なしの同じ[k]の音になります。またㄷ, ㅅ, ㅈ, ㅊ, ㅌ, ㅎは音節の初めでは違う発音をしますが、音節の終わりでは同じ[t̚]の音になります。

母音の下に書かれる子音を받침(パッチム、終声)と呼びます。ㄲ, ㄸ, ㅃ, ㅆ, ㅉ, ㄳ, ㄵ, ㄶ, ㄺ, ㄻ, ㄼ, ㄽ, ㄾ, ㄿ, ㅀ, ㅄと基本的な子音は받침として使うことができます。しかし、それらは音節の終わりでは[ㄱ, ㄴ, ㄷ, ㄹ, ㅁ, ㅂ, ㅇ]のように7種類の発音しかありません。14種類の

基本的な子音は下に示されているように音節の終わりでは同じ発音をします。

✏️ 〈練習〉書いてみよう。

音節の終わりの子音 （終声子音）	音価(発音)	例
ㄱ, ㅋ	[k ̚]	악, 억
ㄴ	[n]	안
ㄷ, ㅅ, ㅈ, ㅊ, ㅌ, ㅎ	[t ̚]	닫, 낫, 낮, 낯, 낱, 낳
ㄹ	[l]	알
ㅁ	[m]	암
ㅂ, ㅍ	[p ̚]	압, 앞
ㅇ	[ŋ]	앙

5. 音節の構成

音節の作り方は、子音と母音の組み合わせにより様ざまです。
韓国語の音節は隣り合わせて書くのではなく、初め、中間、終わりの音をつないで書きます。

ㄱㅏㅇ(×)　　강(○)

5.1 母音だけで作られた音節

音節は母音だけでも成り立ちます。ある音節が母音だけで作られているときは、ㅇ(이응)がその母音の前に来ます。しかし、このときは発音しません。

ㅏ, ㅓ, ㅣの母音は子音の右に書かれ、ㅗ, ㅜ, ㅡは下に書かれます。それらの母音はまた子音の下と右の両方に同時に書かれることもあります。

- これらの母音は子音の右に書かれます。
: ㅏ, ㅑ, ㅓ, ㅕ, ㅣ, ㅐ, ㅔ, ㅒ, ㅖ
- これらの母音は子音の下に書かれます。
: ㅗ, ㅛ, ㅜ, ㅠ, ㅡ
- これらの母音は子音の右に書かれます。
: ㅘ, ㅙ, ㅚ, ㅝ, ㅞ, ㅟ, ㅢ

[例] 아, 어, 이, 오, 우, 으, 와, 워, 의

✏️ 〈練習1〉書いてみよう。これらの母音は子音の右隣りに書かれます。

아								
야								
어								
여								
이								
애								

애								
에								
예								

✏️ 〈練習2〉書いてみよう。これらの母音は子音の右隣りに書かれます。

오								
요								
우								
유								
으								

✏️ 〈練習3〉書いてみよう。これらの母音は子音の右隣りに書かれます。

와								

왜								
외								
워								
웨								
위								
의								

5.2 子音と母音から成る音節

音節は子音と母音の組み合わせから成っています。

[例] 가, 나, 더, 러, 모, 보, 수, 주, 츠, 크, 티, 피, 히

✏️ 〈練習1〉書いてみよう。

가									
냐									
더									
려									
모									
쇼									
주									
큐									
트									
히									

✏️ 〈練習2〉例にならい、与えられた母音と子音を組み合わせて音節を作ってみましょう。

[例 1] ㄴ, ㅓ → 너
[例 2] ㄴ, ㅏ, ㅁ, ㅜ → 나무

1) ㅅ, ㅗ ➡ _____

2) ㅎ, ㅕ ➡ _____

3) ㄴ, ㅏ ➡ _____

4) ㄱ, ㅡ ➡ _____

5) ㅋ, ㅗ ➡ _____

6) ㄷ, ㅓ ➡ _____

7) ㄷ, ㅗ, ㅅ, ㅣ ➡ _____

8) ㅊ, ㅣ, ㅁ, ㅏ ➡ _____

9) ㅌ, ㅜ, ㅅ, ㅜ ➡ _____

10) ㅁ, ㅗ, ㅈ, ㅏ ➡ _____

5.3 母音と子音から成る音節

これらの音節は下にあるように、母音と子音により成り立っています。しかし文字を書くときには、母音の前にㅇを書かなければなりません。そして音節の終わりの子音は、母音の下に書かなければなりません。

✏️ 〈練習〉書いてみよう。

악									
안									
앋									
알									
암									
압									
앗									
앙									
앛									
앚									
앜									
앝									
앞									
앟									

5.4 子音、母音、子音から成る音節

韓国語には子音、母音、そして子音から成る音節があります。

[例] 강, 벌, 봄, 손, 춤, 힘

✎ 〈練習〉書いてみよう。

강								
벌								
손								
집								
춤								
힘								
밖								
뜻								
닭								

レッスン 01 自己紹介
자기소개

●●● 目標

適切な表現とボキャブラリーを使って自己紹介を書く

- **課題**：他の人に自己紹介をするための文章を書く。プロファイル用紙を埋める。短い自己紹介文を書く
- **ボキャブラリー**：挨拶、国、国籍、職業
- **文法**：저는 -입니다
- **文化**：韓国人の挨拶のマナー

신 상 명 세 서

이 름	다나카 마사오
국 적	일본
생년월일	1971. 1. 24
성 별	남 (∨) 여 ( )
직 업	회사원

>>> 들어가기 導入

- これは何のカードですか？ 彼の名前は何ですか？ 彼の国籍は何ですか？ 彼の職業は何ですか？
- あなたはどう自己紹介しますか？

自己紹介 **자기소개**

>>> 예시 글 例文

안녕하십니까.
저는 다나카입니다.
일본 사람입니다.
회사원입니다.

새 단어 新単語

자기소개 自己紹介	안녕하십니까 こんにちは
저 私	-는 ～は(主語を表す助詞)
다나카 タナカ(日本人男性の姓)	-입니다 ～です
일본 사람 日本人	회사원 会社員

>>> 어휘 및 표현 ボキャブラリーと表現

韓国で人に挨拶をするときには、どんな表現を使いますか? それらの挨拶に韓国語でどう答ますか? 韓国語での自己紹介を勉強しましょう。

1 인사(挨拶)

안녕하세요.　こんにちは。(礼儀正しく格式ばらない表現)
안녕하십니까.　こんにちは。(礼儀正しく丁寧な表現)

연습 (練習)

この人たちは互いにどう挨拶していますか？ 空白に適切な表現を書き込みましょう。

>>> **문화** (文化：韓国人の挨拶のマナー)

안녕하세요、안녕하십니까は一般的に、年上の人や初対面の人に挨拶するときに使います。彼らと挨拶するときには上体をまっすぐ倒すのが礼儀です。

2 나라(国)

한국 韓国	중국 中国	일본 日本
터키 トルコ	미국 米国、アメリカ	캐나다 カナダ
러시아 ロシア	영국 イギリス	독일 ドイツ
호주 オーストラリア	이집트 エジプト	브라질 ブラジル

○ 韓国、中国、タイ、アメリカ、イギリス、日本、インド、オーストラリア、ドイツを除き、英語とほぼ同じように発音します。

32

自己紹介 **자기소개**

✏️ 연습 (練習)

下のチャートを使って正しい国名を書き込みましょう。

> 독일, 미국, 이집트, 호주, 일본, 러시아, 캐나다, 영국, 중국, 브라질

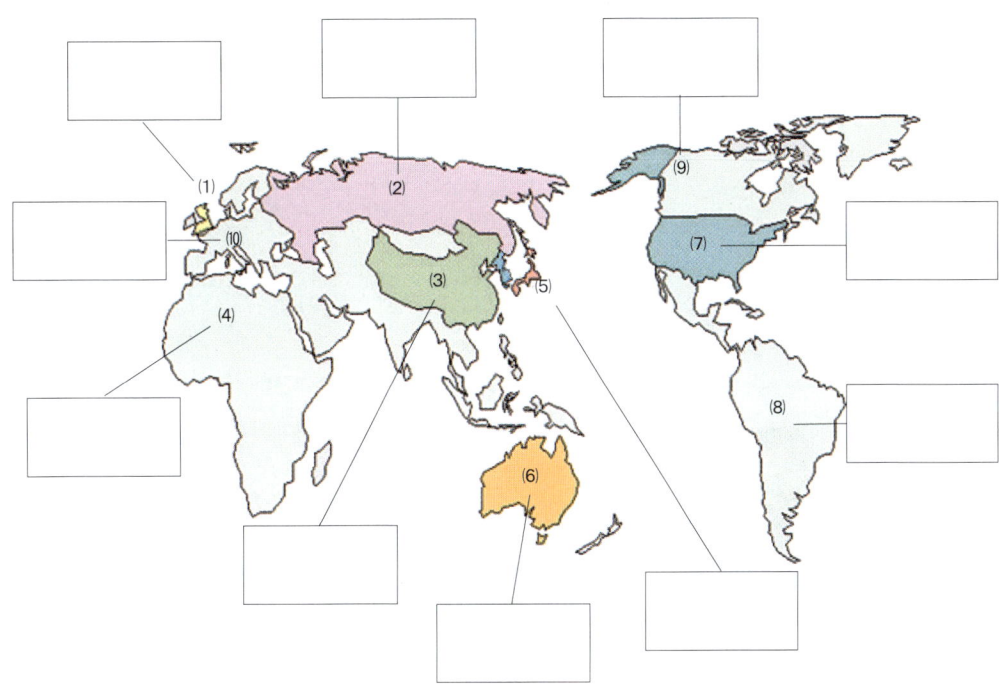

3 국적(国籍)

한국 사람 韓国人	중국 사람 中国人
일본 사람 日本人	미국 사람 米国人、アメリカ人
호주 사람 オーストラリア人	영국 사람 イギリス人
브라질 사람 ブラジル人	이집트 사람 エジプト人

○ 国の名前が사람(ひと)と合わさっているときは、それは国籍を示します。사람の代わりに인(人)を用い、한국인や중국인を国籍を示すために使用できます。

연습 (練習)

この人びとはどこ出身ですか? 例にならって空欄を埋めましょう。

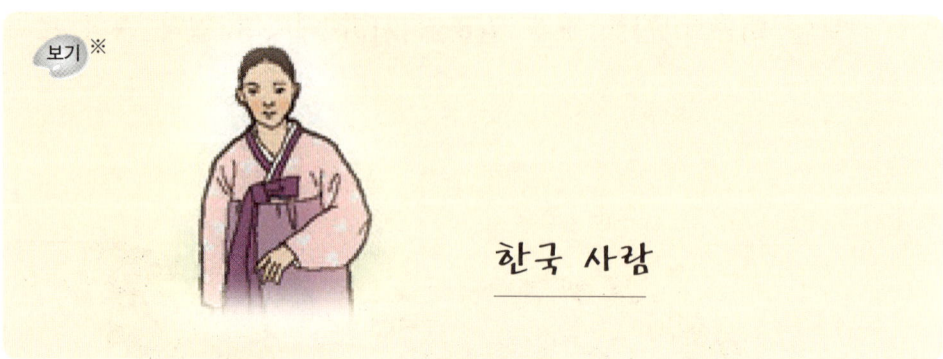

보기※

한국 사람

※ 보기(ボギ)は「例、例文」の意味です。

1)

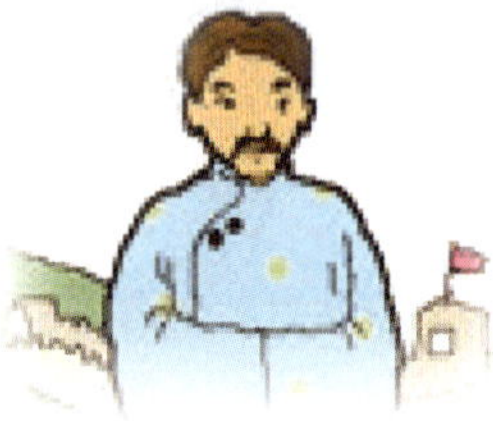

2)

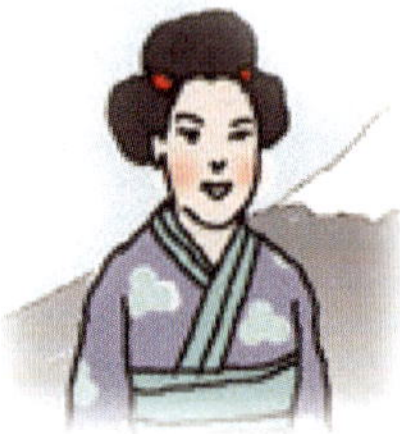

3)

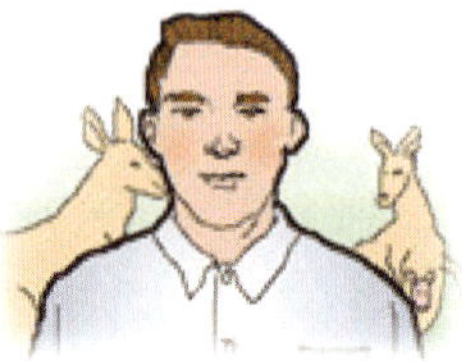

________ 사람　　일본 ________　　____________

4 직업(職業)

학생 学生

회사원 会社員

의사 医師、医者

경찰 警察

선생님 先生

공무원 公務員

변호사 弁護士

주부 主婦

自己紹介 자기소개

🖉 연습 (練習)

例にならって下の空欄に正しい職業名を書き込みましょう。

보기

의사

1)   2)   3)

_____   _____   _____

>>> **문법** 文法

1 저는 -입니다

저는 -입니다は「私は〜です」という意味です。저는「私」という意味で、-는はそれがついた名詞が文の主語であることを示す助詞です。-입니다は述語に当たる現在形の文の末尾です。これは正式な場面で年上の人や、初めて会う人に挨拶をするときに使われます。

35

저는 김영민입니다. 私はキム・ヨンミンです。
저는 미국 사람입니다.
저는 학생입니다.
저는 의사입니다.

연습 1 (練習 1)

저는 – 입니다のパターンと与えられた名前を使って下記の例にならって作文しましょう。

보기 다카하시 유타 → 저는 다카하시 유타입니다.

1) 김수미 → _____
2) 왕샤오칭 → _____
3) 마이클 프린스 → _____
4) 수잔 브렁크 → _____

연습 2 (練習 2)

저는 – 입니다のパターンと与えられた国籍を使って下記の例にならって

보기 한국 사람 → 저는 한국 사람입니다.

1) 캐나다 사람 → _____
2) 호주 사람 → _____
3) 독일 사람 → _____
4) 중국 사람 → _____

自己紹介 자기소개

연습 3(練習 3)

저는 -입니다のパターンと与えられた職業を使って下記の例にならって作文しましょう。

> 보기   공무원 → 저는 공무원입니다.

1) 학생 → _____
2) 의사 → _____
3) 회사원 → _____
4) 선생님 → _____

연습 4(練習 4)

下の絵の人びとの名前、国籍、職業を示す文章を書きましょう。

> **보기** 린다 테일러, 선생님 → ※저는 린다 테일러입니다.
> (저는) 영국 사람입니다.
> (저는) 선생님입니다.

○ 上の例のように、括弧内の저는は文脈からその意味が分かるので、省略できます。

1) 장원량, 의사 → _____

2) 김민수, 학생 → _____

3) 수잔 오커너, 공무원 → _____

自己紹介 **자기소개**

>>> **과제** 課題

1 과제 1 (課題 1)

쓰기 전 (書く前に) 下にあるのはアンのIDカードです。IDカードには普通何が書かれているかクラスメートと話し合いましょう。

이름 (名前)	앤 모리스
국적 (国籍)	호주
생년월일 (生年月日)	1985. 7. 23*
성별 (性別)	남(　) 여(∨)
직업 (職業)	학생

● 韓国語では日付は次の順番で書きます：年、月、日

쓰기 (書いてみよう) 上の例を使ってあなたのIDカードを埋めてみましょう。

이름	
국적	
생년월일	
성별	남(　) 여(　)
직업	

쓰고 나서 (書いた後に) あなたのクラスメートのIDカードを読んでみて、それらが理解できるか確かめてみましょう。

39

2 과제 2 (課題 2)

쓰기 전 (書く前に) IDカードにどのような文章を書くかを考えてみましょう。

쓰기 (書いてみよう) 上で考えたことを下の下線部に저는 -입니다という形で書いてみましょう。

_____

_____

_____

_____

쓰고 나서 (書いた後に) 友人の書いたものを読み、理解できたかを確認しょう。

3 과제 3 (課題 3)

쓰기 전 (書く前に) あなたは韓国人の友人とeメールで言葉の練習をしています。下はあなたが初めて彼から受け取ったeメールです。彼がどのように韓国語で自己紹介しているのか見てみましょう。

안녕하세요. 반갑습니다. 저는 김민수입니다.

한국 사람입니다. 저는 학생입니다.

한국 대학교 2학년입니다. 전공은 사회학입니다.

쓰기（書いてみよう）あなたはどうやって韓国人の友人に自己紹介しますか？この章で学んだ表現を使って魅力的な自己紹介文を書きましょう。

___

___

___

___

쓰고 나서（書いた後に）自分の作文を見ないでクラスメートに自己紹介をしましょう。

> **새 단어** 新単語
>
> | | | |
> |---|---|---|
> | 반갑습니다 嬉しいです | 2학년 2学年 | 전공 専攻 |
> | －은 〜は(主語を表す助詞) | 사회학 社会学 | |

>>> 자기 평가 自己評価

このレッスンの内容を理解できましたか？自分の韓国語を採点して、必要があればもっと勉強しましょう。

評価事項	自分の採点
1. 韓国語で挨拶できる	苦手　まあまあ　得意
2. 韓国語で自分の名前が書ける	苦手　まあまあ　得意
3. 韓国語で自分の国籍が書ける	苦手　まあまあ　得意
4. 韓国語で自分の職業が書ける	苦手　まあまあ　得意

レッスン 02 | 位置 위치

●●● 目標

適切なボキャブラリーや文法を用いて物の位置や有無を説明できるようにする

- **課題**：部屋の中の物を見つける。教室を描写する。自分の部屋を描写する
- **ボキャブラリー**：物、場所
- **文法**：-이/가 있습니다, -이/가 없습니다, -이/가 -에 있습니다
- **文化**：韓国の位置

>>> 들어가기 導入

- この部屋には何がありますか？ ここはどこですか？ 机には何がありますか？
- あなたの部屋には何がありますか？

位置 **위치**

>>> 예시 글 例文

방에 침대가 있습니다.
방에 책상도 있습니다.
책상에 시계가 있습니다.
그런데 방에 텔레비전이 없습니다.

새 단어 新単語

위치 位置、場所	방 部屋
-에 ～に(位置を示す助詞)	침대 寝台、ベッド
-가 ～が(主語を表す助詞)	있습니다 あります、存在します、います
책상 机	-도 ～も(助詞)
시계 時計	그런데 それから、ところで
텔레비전 テレビ	-이 ～が(主語を表す助詞)
없습니다 ありません、存在しません、いません	

>>> 어휘 및 표현 ボキャブラリーと表現

あなたの部屋や教室にある物のリストを作りましょう。
物や場所の名前を韓国語で何と言うか勉強しましょう。

1 사물(物)

침대 寝台、ベッド	텔레비전 テレビ	전화 電話
옷 服	모자 帽子	우산 傘
시계 時計	가방 カバン	연필 鉛筆
책 本	책상 机	의자 椅子

연습(練習)

上のリストを使って次の物の名前を書きましょう。

1)  _____　2) 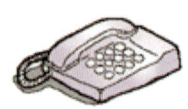 _____　3) _____

4)  _____　5)  _____　6) _____

2　장소(場所)

집　家	방　部屋	학교　学校
교실　教室	은행　銀行	병원　病院
우체국　郵便局	가게　店	식당　食堂

연습(練習)

上のリストを使って次の物の場所を書きましょう。

1) 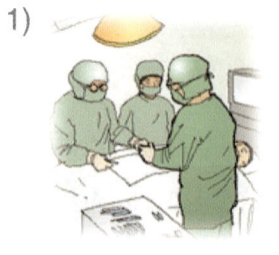 _____　2)  _____　3) _____

4)　　　　　　　5)　　　　　　　　　6)

_____　_____　　_____

>>> **문법** 文法

1 -이/가 있습니다, -이/가 없습니다.

私たちは-이/가 있습니다という表現で、誰かがそこにいるか／いないかを言います。誰かがいるときは-이/가 있습니다を使い、いないときは없습니다を使いましょう。ある名詞の後に来る-이/가は、その名詞が文章の主語であるのを表すことに注意しましょう。-가は子音で終わる名詞の後に来ます。母音で終わる名詞の後には-이が来ます。

책이 있습니다. 本があります。
책이 없습니다. 本がありません。

가방이 있습니다. カバンがあります。
의자가 있습니다.
전화가 없습니다.
옷이 없습니다.

✏️ 연습 1(練習 1)

－이か－가を使って空欄を埋めましょう。

> 보기   시계<u>가</u> 있습니다.

1) 의자____ 있습니다.   2) 우산____ 있습니다.
3) 가방____ 없습니다.   4) 전화____ 있습니다.
5) 모자____ 있습니다.   6) 책상____ 없습니다.

✏️ 연습 2(練習 2)

下の例に示されているように－이/가 있습니다か－이/가 없습니다のパターンを使って次の物のあり、なしを表す文を書きましょう。

> 보기
>
> 가방이 있습니다.   책이 없습니다.

1)   2)   3)

4)　　　×　　　　5)　　　　　　6)　　×

_____　　_____　　_____

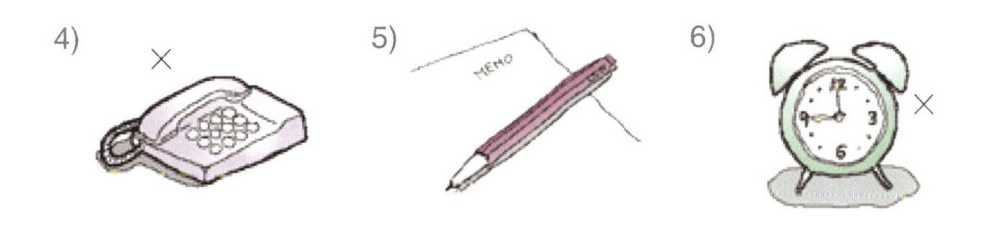

2 -이/가 -에 있습니다

-이/가 -에 있습니다를 使って、どこにその人や物があるかを描写できます。-에はそれが位置している場所を示す名詞の後に来ます。

시계 / 책　이/가　교실 / 가방　※　에 있습니다/없습니다.

▶ 시계가 교실에 있습니다는、順番を変えて교실에 시계가 있습니다も使えます。

시계가 교실에 있습니다. 時計が教室にあります。
교실에 시계가 있습니다. 教室に時計があります。

방에 침대가 있습니다. 部屋にベッドがあります。
책이 가방에 있습니다.
학생이 교실에 없습니다.
교실에 선생님이 없습니다.

47

🖊 연습 1(練習 1)

マイケルはどこにいますか？下の例に示されているように−에 있습니다のパターンを用いて、彼がどこにいるかを描写しましょう。

보기

학교에 있습니다.

1)

2)

3)

4)

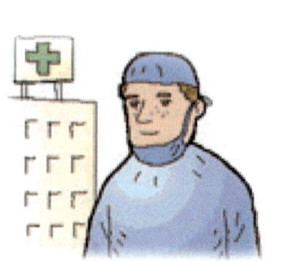

位置 **위치**

🖊 연습 2(練習 2)

次の物はどこにありますか？ −이/가 −에 있습니다のパターンと与えられたヒントを使って文を書きましょう。

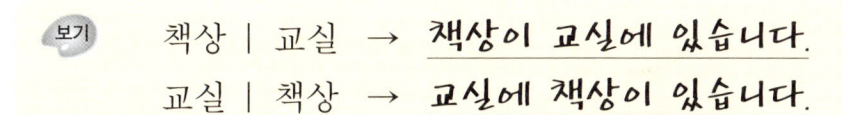

> **보기**　책상 | 교실　→　**책상이 교실에 있습니다.**
> 　　　　　교실 | 책상　→　**교실에 책상이 있습니다.**

1) 방 | 침대　　→ ＿＿＿＿＿＿＿＿＿＿＿＿＿＿＿＿＿
2) 책 | 가방　　→ ＿＿＿＿＿＿＿＿＿＿＿＿＿＿＿＿＿
3) 우산 | 교실　→ ＿＿＿＿＿＿＿＿＿＿＿＿＿＿＿＿＿
4) 학교 | 선생님 → ＿＿＿＿＿＿＿＿＿＿＿＿＿＿＿＿＿

>>> **문화 (文化：韓国の位置)**

朝鮮半島(韓半島)は北東アジアに位置します。朝鮮半島の北の国境は中国とロシアに接しています。中国は韓国の西、日本は東南にあります。

연습 3(練習 3)

下の例にあるように –이/가 –에 있습니다のパターンを使って次の物の位置を説明しましょう。

보기

선생님이 교실에 있습니다.
or
교실에 선생님이 있습니다.

1)

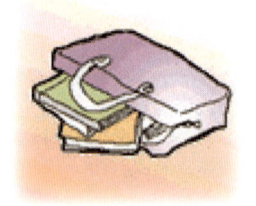

2)

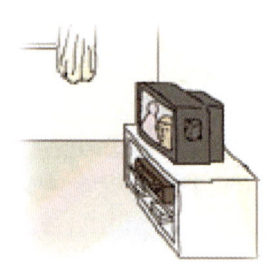

_____

_____

3)

4)

_____

_____

位置 위치

>>> 과제 課題

1 과제 1 (課題 1)

쓰기 전(書く前に) この絵を見て、次の物が描かれているかどうかを調べましょう。絵に描かれている物の横には印をつけましょう。

우산 □   가방 □   의자 □   책 □
침대 □   모자 □   전화 □   옷 □

쓰기(書いてみよう) 上の情報を使い、それぞれの物がどこにあるかを説明する文章を書きましょう。

_____
_____
_____
_____

쓰고 나서(書いた後に) クラスメートと自分の答えを比べましょう。

51

2 과제 2 (課題 2)

쓰기 전 (書く前に) 下の絵を見て、何が(誰が)どこにある(いる)かを書きましょう。

誰／何が	どこに	誰／何が	どこに

쓰기 (書いてみよう) −이/가 −에 있습니다のパターンを用いて何(誰)が教室にある(いる)か描写しましょう。

_____

_____

_____

쓰고 나서 (書いた後に) クラスメートに自分の作文を読み上げましょう。また相手の書いたものを聞いてみましょう。

3 과제 3 (課題 3)

쓰기 전(書く前に)

1) あなたの部屋はどんな様子ですか？ 大きな紙に自分の部屋を描いてみましょう。
2) あなたの部屋には何がありますか？ あなたの部屋で見つかる物のリストを作りましょう。

_____

_____

_____

쓰기(書いてみよう) あなたの部屋のどこに何があるかを描写する文章を書きましょう。

_____

_____

_____

쓰고 나서(書いた後に) 全クラスにあなたの書いたものを読み上げましょう。

>>> 자기 평가 自己評価

このレッスンを理解できましたか？ 自分の韓国語を採点して、必要があればもっと勉強しましょう。

評価事項	自分の採点
1. 韓国語で自分の部屋にあるものの名前を書ける	苦手　まあまあ　得意
2. 韓国語で場所の名前が書ける	苦手　まあまあ　得意
3. 自分の部屋や教室を描写できる	苦手　まあまあ　得意

レッスン 03 | 動作
동작

●●● 目標

基礎的な韓国語の動詞を使って日常の行動を描写する

- 課題：日常の行動を描写する。絵に描かれている動作を描写する。街の人びとの様ざまな行動について書く
- ボキャブラリー：基本動詞、基本動詞に関するボキャブラリー
- 文法：ーㅂ니다/습니다, ーㅂ니까/습니까, ー을/를, ー은/는
- 文化：韓国語で人を呼ぶ

>>> 들어가기 導入

- これは何の絵でしょう? 彼らはどこにいますか? 彼らは何をしていますか?
- あなたは何をしていますか?

動作 동작

>>> 예시 글 例文

저는 마이클입니다.
저는 지금 기숙사에 있습니다.
저는 지금 책을 읽습니다.
토마스 씨는 음악을 듣습니다.
그리고 수잔 씨는 텔레비전을 봅니다.

새 단어 新単語

동작 動作、行動	지금 今	기숙사 寄宿舎、寮	−을 〜を(対象を表す助詞)
읽습니다 読みます	씨 氏、〜さん	음악 音楽	듣습니다 聞きます
그리고 そして	봅니다 見ます		

>>> 어휘 및 표현 ボキャブラリーと表現

動作を表すのに使われるいくつかのボキャブラリーと表現を勉強しましょう。

1 기초 동사(基本動詞)

보다 見る	듣다 聞く	읽다 読む
먹다 食べる	만나다 会う	하다 する
쓰다 書く	마시다 飲む	입다 着る

연습 (練習)

彼らは何をしていますか？下の例にならって彼らが何をしているか描写しましょう。

보기

입다

1)

2)

3)

_____ _____ _____

4)

5)

6)

_____ _____ _____

2 기초 동사 관련 어휘（基本動詞に関するボキャブラリー）

신문 新聞　　　음악 音楽　　　영화 映画
밥 ご飯　　　친구 友達　　　운동 運動、スポーツ
편지 手紙　　　물 水　　　　노래 歌

연습（練習）

空欄に次の物の名前を書きましょう。

1)

2)

3)

4)

5)

6)

>>> 문법 文法

韓国語の文章の構造

主部＋述部＋目的語という構造を持つ英語とは違い、韓国語は主部＋目的語＋述部という形を取ります。

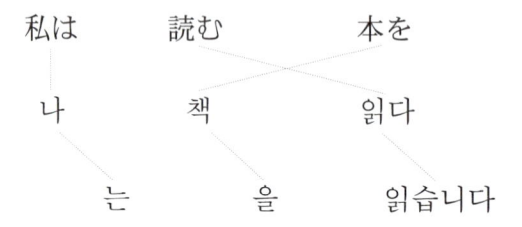

```
私は      読む      本を
 나        책       읽다
 는        을      읽습니다
```

しかし나 책 읽다という表現は間違っています。나는 책을 읽습니다のようなきちんとした文章を作るためには、正しい助詞と文尾をつける必要があります。

1 -ㅂ니다/습니다, -ㅂ니까/습니까

すべての韓国語の動詞と形容詞の基本形は-다で終わります。しかしこの基本形は文章では使いません。それを語形変化させなければならないからです。動詞語幹は-다を基本語形からはずすことによって作られ、適切な末尾を必要とします。

-습니다は現在形の丁寧語の末尾で、礼儀正しい表現に用いられます。動詞語幹が母音かㄹで終わるときには-ㅂ니다が用いられ、ㄹ以外の子音で終わるときには-습니다が用いられます。その語幹がㄹで終わるときには、そのㄹをはずし、-ㅂ니다をつけます。

-습니까は現在形の丁寧語の末尾で、礼儀正しい表現に用いられます。動詞語幹が母音かㄹで終わるときには、-ㅂ니까が用いられます。ㄹ以外の子音で終わるときには、-습니까が用いられます。ㄹで終わるときには、そのㄹがはずされ、-ㅂ니까が用いられます。韓国語で疑問文を作るときには、語順に変化はなく、-습니까をつけます。

動作 **동작**

不定詞	平叙形	疑問形
보다	봅니다	봅니까
만나다	만납니다	만납니까
쓰다	씁니다	씁니까
먹다	먹습니다	먹습니까
듣다	듣습니다	듣습니까
읽다	읽습니다	읽습니까

가 : 봅니까?　　見ますか?
나 : 네※, 봅니다.　　はい、見ます。

가 : 씁니까?
나 : 아니요※, 읽습니다

가 : 먹습니까?
나 : 네, 먹습니다.

가 : 읽습니까?
나 : 아니요, 듣습니다.

● 네는「はい」という意味で、아니요は「いいえ」という意味です。

59

연습 1 (練習1)

下の例にならって、動詞をそれぞれの平叙形と疑問形に変えましょう。

> 보기　먹다 － (먹습니다) － (먹습니까)

1) 자다　－ (　　　　) － (　　　　)
2) 마시다 － (　　　　) － (　　　　)
3) 만나다 － (　　　　) － (　　　　)
4) 읽다　－ (　　　　) － (　　　　)
5) 보다　－ (　　　　) － (　　　　)
6) 받다　－ (　　　　) － (　　　　)

연습 2 (練習2)

下の絵を見ながら次のパターンの会話の練習をしましょう。

> 보기
>
> 읽다
>
> 가 : 읽습니까?
> 나 : 아니요. 먹습니다.

動作 **동작**

1) 자다

가 : _____
나 : _____

2) 만나다

가 : _____
나 : _____

3) 읽다

가 : _____
나 : _____

4) 입다

가 : _____
나 : _____

2 -을/를

韓国語では、その名詞が対象物であることを示すために対象の後に －을/를を置きます。この対象は述部の前に位置します。名詞が母音で終わるときには －를が使われ、子音で終わるときには －을が使われます。

커피를 마십니다. コーヒーを飲みます。
우유를 삽니다.
빵을 먹습니다.
운동을 합니다.

✏️ 연습 1(練習1)

- 을もしくは - 를を使って空欄を埋めましょう。

1) 저는 밥____ 먹습니다.

2) 마이클 씨는 편지____ 씁니다.

3) 미리 씨는 텔레비전____ 봅니다.

4) 토마스 씨는 우유____ 마십니다.

✏️ 연습 2(練習2)

絵を見て、下の例で示されているように空欄を埋めましょう。

보기

가 : 무엇을 합니까?
나 : 사과를 먹습니다.

1)

가 : 무엇을 합니까?
나 : _____

2)

가 : _____
나 : 공부를 합니다.

動作 **동작**

3)　　　　　　　　　　　4)

가 : 친구를 만납니까?　　　가 : _____
나 : _____　　　　나 : 네, 영화를 봅니다.

3 -은/는

一般的に韓国語では主語に−은/는をつけます。言い換えれば、その名詞が文章の主題であること示し、−은が名詞の後に来ます。この場合、−은/는だけではなく、−이/가も文章の主語を表します。

저는 마이클입니다. 私はマイケルです。

가 : 민수 씨는 지금 무엇을 합니까?
나 : 저는 지금 커피를 마십니다.

가 : 선생님은 무엇을 합니까?
나 : 선생님은 편지를 씁니다.

가 : 동생은 어디에 있습니까?
나 : 동생은 학교에 있습니다.

연습 1 (練習 1)

－은か －는で空欄を埋めましょう。

1) 동생＿＿ 음악을 듣습니다.
2) 수미 씨＿＿ 친구를 만납니다.
3) 선생님＿＿ 이야기를 합니다.
4) 형＿＿ 커피를 마십니다.

>>> **문화(文化) : 韓国語で人を呼ぶ**

韓国語で第三者を呼ぶときには、その人の名前の後に、「～氏」「～さん」を表すために씨を用います。韓国語では二人称単数、英語で言う"you"は、英語で用いられるほど頻繁には使われません。youの意味では당신(あなた)が使われます。韓国語では、名字(姓)は名前の前に置かれ、そして씨を名前の後につけます。

민수 씨는 지금 어디에 있어요?

수연 씨, 진호 씨는 지금 뭐해요?

김민수

이수연

연습 2 (練習 2)

絵を見て下の例のように空欄を埋めましょう。

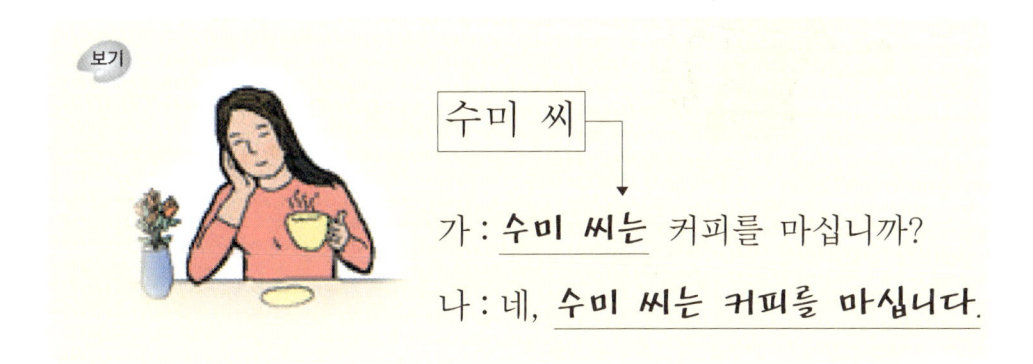

보기

가 : **수미 씨는** 커피를 마십니까?
나 : 네, **수미 씨는 커피를 마십니다**.

1) 선생님

가 : _____ 신문을 봅니까?
나 : 네, _____

2) 동생

가 : _____ 무엇을 합니까?
나 : _____ 텔레비전을 봅니다.

3) 마이클 씨

가 : _____ 친구를 만납니까?
나 : 아니요, _____

65

4)

가 : _____ 수진 씨

나 : 네, _____

>>> 과제 課題

1 과제 1 (課題 1)

쓰기 전(書く前に) あなたは毎日何をしますか？ あなたが毎日する活動に印をつけましょう。

책을 읽다		텔레비전을 보다	
커피를 마시다		운동을 하다	
음악을 듣다		요리를 하다	

쓰기(書いてみよう) 上にある情報を使い、あなたが毎日することについての文章を書きましょう。

_____
_____
_____
_____

쓰고 나서(書いた後に) クラスメートにあなたの書いたものを読み上げましょう。

動作 동작

2 과제 2 (課題 2)

쓰기 전(書く前に) クラスメートと絵の中の人びとが何をしているか、下の例の表現を使って話し合いましょう。

> 보기
> 가 : 마그다 씨는 무엇을 합니까?
> 나 : 마그다 씨는 요리를 합니다.

쓰기(書いてみよう) 彼らが絵の中で何をしているかを描写する文章を書きましょう。

_____

_____

_____

_____

쓰고 나서(書いた後に) あなたの作文をクラスメートの書いたものと比べましょう。

3 과제 3 (課題 3)

쓰기 전(書く前に) この絵を見て、彼らがどこにいて、それぞれの場所で何をしているか話し合いましょう。下にある表現を使って、互いに質問をしましょう。

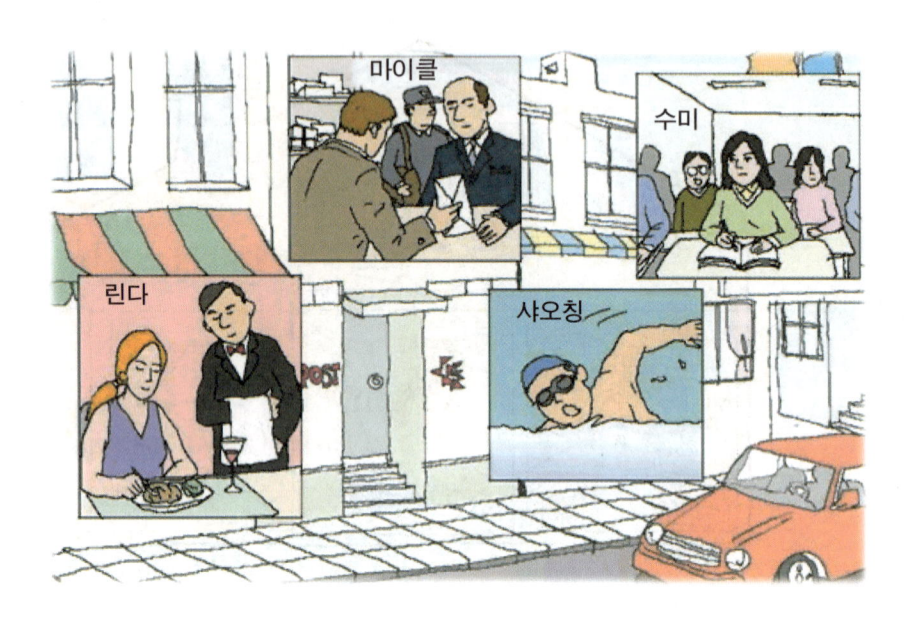

보기
가 : 린다 씨는 어디에 있습니까?
나 : 식당에 있습니다.
가 : 무엇을 합니까?
나 : 밥을 먹습니다.

쓰기(書いてみよう) 彼らがどこにいて、その場所で何をしているかについての文章を書きましょう。

_____
_____
_____
_____

쓰고 나서(書いた後に) あなたが書いたものをクラスメートと一緒に読んで、もし間違いがあれば直しましょう。

새 단어 新単語

받다 受ける	아니요 いいえ
자다 眠る	커피 コーヒー
-을/를 〜を(対象を表す助詞)	-은/는 〜は(主語を表す助詞)
빵 パン	우유 牛乳
사과 リンゴ	무엇 何
동생 弟または妹	이야기를 하다 話をする
형 兄(弟が兄を言うとき)	요리 料理

>>> 자기 평가 自己評価

このレッスンの内容を理解できましたか? 自分の韓国語を分析して、必要があればもっと勉強しましょう。

評価事項	自分の採点
1. 行動を表すために用いられる表現とボキャブラリーをよく知っている	苦手　まあまあ　得意
2. 友達に彼らが毎日何をやっているか聞くことができる	苦手　まあまあ　得意
3. どんな質問にも正しく返答できる	苦手　まあまあ　得意
4. 自分の日常の基本的な行動を描写できる	苦手　まあまあ　得意

レッスン 04 | 時間 시간

••• 目標

1日の時間の表現の仕方を学び、ここで習得する時間表現を使って1日の予定を書けるようにする

- 課題：1日のスケジュールを説明する。絵を見ながら1日を描写する。あなたの1日について書く
- ボキャブラリー：日課、韓国固有の数詞と漢語数詞、時間に関する表現
- 文法：-에, -에 가다/오다/다니다
- 文化：韓国人の1日

>>> 들어가기 導入

- これは何ですか？ 彼は今日は何をしようとしていますか？ 彼は何時に医者に会いますか？
- 今日のあなたの予定は何ですか？

>>> 예시 글 例文

저는 여섯 시에 일어납니다.
그리고 운동을 합니다.
여덟 시 반에 학교에 갑니다.
오전에 한국어를 공부합니다.
오후에 친구를 만납니다.

새 단어 新単語

시간 時間	여섯 6	시 時
-에 〜に(時間を表す助詞)	일어나다 起きる	운동을 하다 運動をする
여덟 8	반 半	-에 가다 〜に行く
오전 午前	한국어 韓国語	공부하다 勉強する
오후 午後		

>>> 어휘 및 표현 ボキャブラリーと表現

日課を表すボキャブラリーと時間の表現の仕方を学びましょう。

1 일과(日課)

일어나다 起きる　　　　　자다 眠る
운동하다 運動する　　　　공부하다 勉強する
일하다 仕事する、働く　　 쉬다 休む
학교에 가다 学校に行く　　집에 오다 家に帰る(来る)
회사에 가다 会社に行く　　밥을 먹다 ご飯を食べる

연습 (練習)

絵の中で彼らが何をしているか、下の例にならって描写しましょう。

보기

학교에 갑니다.

1)

2)

3)

4)

5)

6)

2 한자어 수(漢語起源の韓国語の数字)

1	2	3	4	5	6	7	8	9	10
일	이	삼	사	오	육	칠	팔	구	십

11	12	13	14	15	16	17	18	19	20
십일	십이	십삼	십사	십오	십육	십칠	십팔	십구	이십

10	20	30	40	50	60	70	80	90	100
십	이십	삼십	사십	오십	육십	칠십	팔십	구십	백

● 韓国語には漢語起源と韓国固有の2種類の数え方があり、それらの用法はその後に来る名詞によって見分けることができます。

연습 (練習)

韓国語で次の数を書きましょう。

1) 3 _____ 2) 31 _____ 3) 8 _____ 4) 19 _____
5) 14 _____ 6) 50 _____ 7) 20 _____ 8) 7 _____

3 고유어 수(韓国固有の数字)

1	2	3	4	5	6	7
하나	둘	셋	넷	다섯	여섯	일곱

8	9	10	11	12	13	14
여덟	아홉	열	열하나	열둘	열셋	열넷

15	16	17	18	19	20
열다섯	열여섯	열일곱	열여덟	열아홉	스물

연습 (練習)

正しい韓国固有の数で空欄を埋めましょう。

하나 – 둘 – (　　　) – (　　　) – 다섯 –
(　　　) – (　　　) – 여덟 – (　　　) – (　　　) –
열하나 – (　　　) – (　　　) – 열넷 – (　　　) –
열여섯 – (　　　) – (　　　) – (　　　) – 스물

4 시간 (時間)

1) 시 (～時)

한 시, 두 시, 세 시, 네 시, 다섯 시, 여섯 시,
일곱 시, 여덟 시, 아홉 시, 열 시, 열한 시, 열두 시

➡ 시는 韓国固有の数字の後に来て、時間を表します。時間を表すときは하나, 둘, 셋, 넷は한, 두, 세, 네に変化します。

2) 분 (～分)

일 분, 이 분, 삼 분, 사 분, 오 분, 육 분, 칠 분,
팔 분, 구 분, 십 분, 십일 분, 십이 분, 십삼 분,
십사 분, 십오 분 …… 삼십 분/반

➡ 분은 漢語起源の数字の後に来て、分を表します。30分はまた半(반)とも表現します。

3) －시 －분（〜時〜分）

1 : 05　　한 시 오 분
3 : 27　　세 시 이십칠 분
5 : 30　　다섯 시 삼십 분/다섯 시 반
6 : 40　　여섯 시 사십 분
10 : 10　　열 시 십 분
12 : 55　　열두 시 오십오 분

연습 (練習)

何時かを知りたいときは몇 시입니까?と言います。そして時間を言うときは－시 －분입니다を使います。下の例にならって与えられたヒントを使いながら下の質問に答えましょう。

보기　1 : 02
가 : 몇 시입니까?
나 : <u>한 시 이 분입니다.</u>

1) 2 : 05
가 : 몇 시입니까?
나 : _____

2) 3 : 21
가 : 몇 시입니까?
나 : _____

3) 7 : 30
가 : 몇 시입니까?
나 : _____

4) 11 : 45
가 : 몇 시입니까?
나 : _____

5 기타 시간 표현（その他の時間表現）

어제 昨日　　오늘 今日　　내일 明日
아침 朝　　　점심 昼食　　저녁 夕方
오전 午前　　오후 午後
낮 日中　　　밤 夜

연습（練習）

上のリストを使って空欄を埋めましょう。

1)

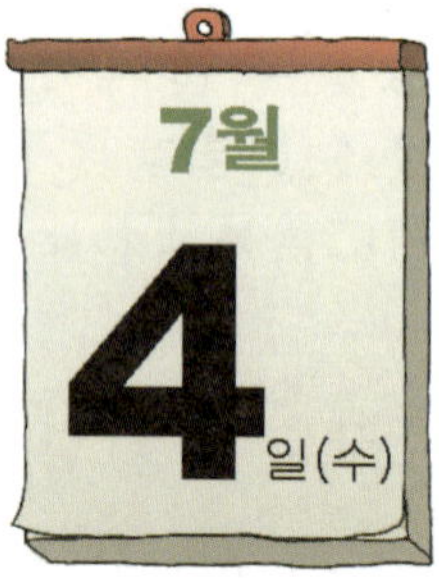

7월 3일(화) — 어제
7월 4일(수) — _____
7월 5일(목) — _____

2)

_____　　점심　　_____

3)

오후

4)

낮

>>> **문법** 文法

1 -에

1) -에は時間表現につき、いつその行動がとられたのかを表します。

일곱 시에 일어납니다. 7時に起きます。
세 시에 친구를 만납니다.
오후에 운동을 합니다.
저녁에 텔레비전을 봅니다.

2) -에는 오늘, 어제, 내일, 지금のような表現にはつきません。

오늘 책을 읽습니다. 今日、本を読みます。
내일 영화를 봅니다.

연습 1 (練習 1)

必要な場所に -에 を書いて空欄を埋めましょう。

1) 오후____ 운동을 합니다.
2) 내일____ 영화를 봅니다.
3) 지금____ 책을 읽습니다.
4) 여섯 시____ 일어납니다.
5) 오늘____ 친구를 만납니다.
6) 열한 시____ 잡니다.

연습 2 (練習 2)

下の例にならって作文しましょう。

> 보기   2:00, 친구를 만나다 → **두시에 친구를 만납니다**.

1) 7:00, 운동을 하다 → _____
2) 8:15, 회사에 가다 → _____
3) 오후, 친구를 만나다 → _____
4) 오늘, 병원에 가다 → _____

2 -에 가다/오다/다니다

-에は場所を表す助詞で、場所につき、目的地を示します。これは가다, 오다, 다니다, もしくは올라가다, 내려오다, 다녀가다のように、これらの動詞の組み合わせの前に来ます。-에は口語ではしばしば省略されますが、書き言葉ではほとんど省略されません。

회사에 갑니다. 会社に行く。
우체국에 갑니까?
집에 옵니다.
학교에 다닙니다.

연습 1 (練習 1)

어디에 갑니까?は、誰かにどこに向かっているのか訊くときに使います。下の例にあるように、与えられたヒントを使って次の質問に答えましょう。

> **보기**
> 가 : 어디에 갑니까? (학교)
> 나 : __학교에 갑니다.__

1) 가 : 어디에 갑니까? (한국)
   나 : _____

2) 가 : 어디에 갑니까? (회사)
   나 : _____

3) 가 : 어디에 갑니까? (병원)
   나 : _____

4) 가 : 어디에 갑니까? (집)
   나 : _____

연습 2 (練習 2)

彼らはどこに行こうとしていますか？ 下の例にならって作文しましょう。

보기

식당에 갑니다.

1)

2)

3)

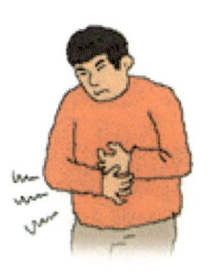

4)

>>> 과제 課題

1 과제 1 (課題 1)

쓰기 전 (書く前に) 下にあるのは김민수の1日の予定で、彼が今日しなければならないことと、その時間のリストが書いてあります。どうやってそれを文章にしますか。

```
8.30
MEMO
07:30   운동
09:20   공부
12:00   준호 씨
13:30   은행
15:45   집
```

쓰기 (書いてみよう) 上のスケジュールを見て、김민수の今日の用事についての文章を書きましょう。

일곱 시 삼십 분에 운동을 합니다.*

🔵 韓国語での時刻表記の正しい方法は일곱 시 삼십 분ですが、7시 30분や7：30でも通じます。

쓰고 나서(書いた後に) あなたの作文をクラスメートと交換し、何か間違いがないか調べましょう。もし間違いがあれば訂正しましょう。

2 과제 2(課題 2)

쓰기 전(書く前に) 1日のスケジュールです。彼がどう1日を過ごすかクラスメートと話し合いましょう。

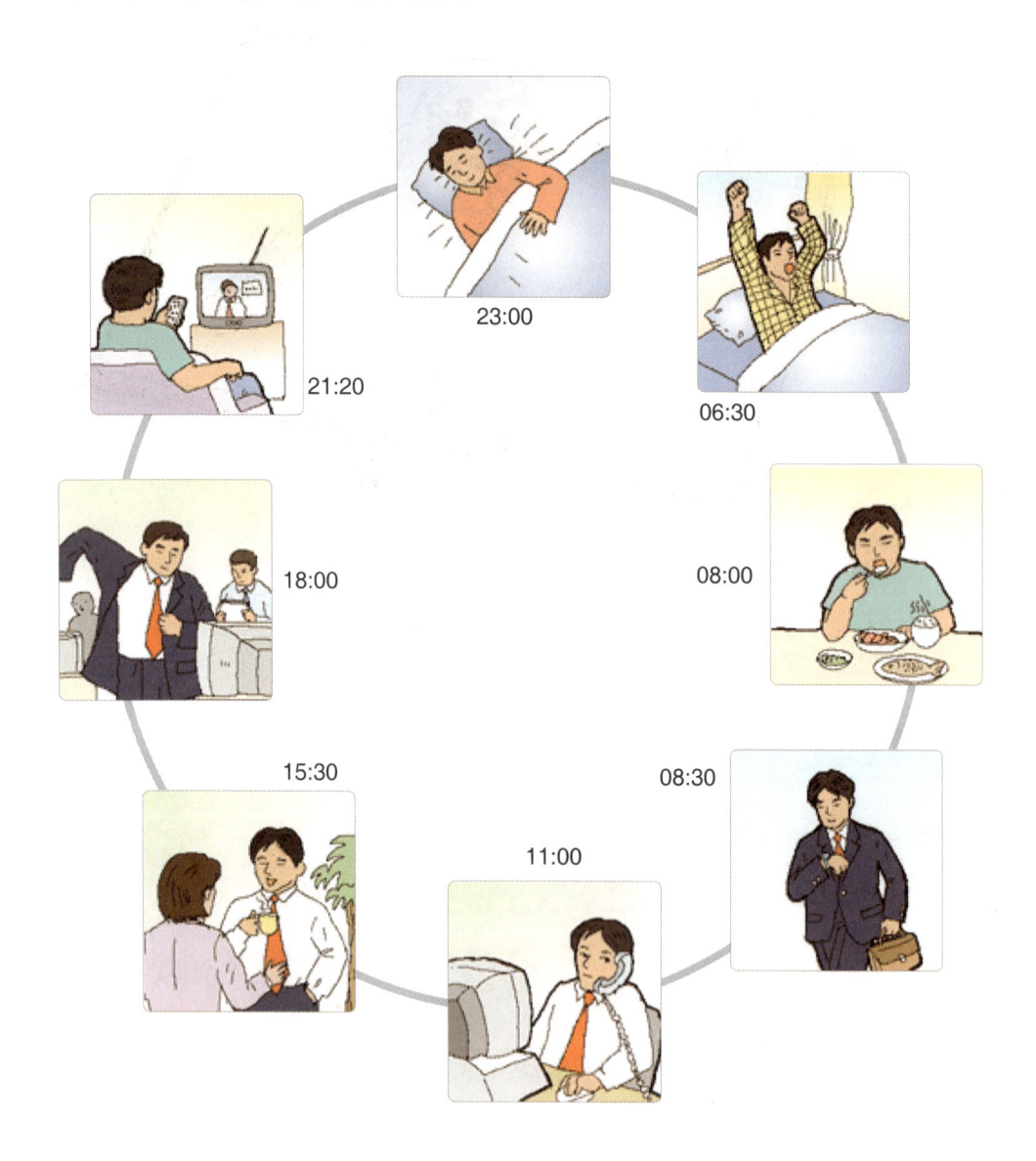

23:00
06:30
08:00
08:30
11:00
15:30
18:00
21:20

쓰기(書いてみよう) 彼が1日に何をいつするかについて文章を書きましょう。

_____

_____

_____

_____

_____

_____

_____

쓰고 나서(書いた後で) クラスメートが毎日何をするかを読み上げるのを聞きながらこの表を埋めましょう。

시간	무엇을 합니까?
6：30	
	밥을 먹습니다.
	회사에 갑니다
	일합니다
3：30	
6：00	
	텔레비전을 봅니다
	잡니다

83

3 과제 3 (課題 3)

쓰기 전 (書く前に) あなたは1日をどう過ごしますか？ 下の表に、あなたの毎日の行動と、それを行う時刻を書いてみましょう。

시간	무엇을 합니까?

쓰기 (書いてみよう) 彼が1日に何をいつするかについて文章を書きましょう。

_____
_____
_____
_____
_____
_____
_____

쓰고 나서 (書いた後で) あなたの1日のスケジュールについてクラスメートと話し合いましょう。

새 단어 新単語	
회사 会社	어디 どこ

>>> 자기 평가 自己評価

このレッスンの内容を理解できましたか？自分の韓国語を採点して、必要があればもっと勉強しましょう。

評価事項	自分の採点
1. 日々の行動に関するボキャブラリーをよく知っている	苦手　まあまあ　得意
2. 1日の時刻を表現できる	苦手　まあまあ　得意
3. 自分の1日のスケジュールを描写できる	苦手　まあまあ　得意

>>> 문화(文化)：韓国人の1日

韓国人は勤勉な暮らしぶりで知られています。普通、午前9時から午後6時まで働きます。多くの人びとが運動のために早起きし、また仕事後の時間を、趣味や、専門分野を伸ばすための勉強に使います。このため、多くの店やジムが24時間開いています。それとは対照的に学生(生徒)は学校でも放課後も、しっかり勉強しなければなりません。彼らの1日はたいてい朝6時に始まり、真夜中に終わります。

レッスン 05 週末の活動

주말 활동

目標

場所やレジャー活動についてのボキャブラリーと表現を学び、週末に何をするかを表現できるようにする

- **課題**：あなたがどこに出かけ、そこで何をしたかについて書く。あなたが週末に何をしたかについて書く。日記を書く
- **ボキャブラリー**：場所、週末の活動
- **文法**：−았/었/였습니다, −았/었/였습니까, −에서
- **文化**：韓国人の週末

>>> **들어가기** 導入

- 彼らはどこにいますか? 彼らは何をしていますか?
- あなたはどれくらいの頻度でこういった活動をしますか?

週末の活動 주말 활동

>>> 예시 글 例文

저는 주말에 보통 영화를 봅니다.
그래서 지난 토요일에도 영화를 봤습니다.
영화가 재미있었습니다.
마이클 씨는 주말에 운동을 합니다.
지난 일요일에는 저와 테니스를 쳤습니다.
지난 주말은 정말 즐거웠습니다.

새 단어 新単語

주말 활동 週末の活動	주말 週末	보통 普通
그래서 それで	지난 先の、前の、去る	토요일 土曜日
-았/었/였습니다 〜しました	재미있다 おもしろい	-와 〜と
테니스를 치다 テニスをする	즐겁다 楽しい	

>>> 어휘 및 표현 ボキャブラリーと表現

場所の名前と週末の活動に関する表現を勉強しましょう。

1 장소(場所)

산 山	야구장 野球場	극장 劇場
바다 海	수영장 プール	공원 公園
시장 市場	백화점 百貨店、デパート	박물관 博物館

87

✏️ **연습 (練習)**

上のリストから適切な場所を選び、空欄を埋めましょう。

1)　　　　　　　2) 　　　　　　　3)

_____　_____　_____

4) 　　　　　　　5) 　　　　　　　6)

_____　_____　_____

2　주말 활동 (週末の活動)

영화를 보다 映画を観る	놀다(놉니다)* 遊ぶ
친구를 만나다 友達に会う	여행하다 旅行する
운동하다 運動する	쇼핑하다 ショッピングする
책을 읽다 本を読む	음악을 듣다 音楽を聞く
요리를 하다 料理をする	빨래하다 洗濯する

▶ 놉니다によって示されたように、놀다のように語幹がㄹで終わる動詞は、ーㅂ니다と合わさったときには不規則変化します。

週末の活動 **주말 활동**

🖊 연습（練習）

下の例にならって次の活動を描写する文を書きましょう。

보기

운동을 합니다

1)

2)

3)

_____ _____ _____

4)

5)

6)

_____ _____ _____

89

>>> 문법 文法

1 -았/었/였습니다

1) 動詞や形容詞の過去形は語幹を-았/었/였-とつなぐことによって作ります。礼儀正しい丁寧語なら、疑問文は-었습니다で終わります。

읽다　　읽 ＋ 었 ＋ 습니다 → 읽었습니다

2) これらの終わり方は、次のように語幹の母音によって分類することができます。

a) 動詞または形容詞の語幹の最後の母音がㅏかㅗなら、-았습니다が使われます。(하다を除く)
b) 動詞または形容詞の語幹の最後の母音がㅏかㅗ以外なら、-었습니다が使われます。
c) -하다で終わる動詞または形容詞は過去形なら、-였습니다が使われます。しかし、日常のコミュニケーションでは、省略形の했습니다が多く用いられます。

앉다	앉	＋ 았습니다	→	앉았습니다
좋다	좋	＋ 았습니다	→	좋았습니다
먹다	먹	＋ 었습니다	→	먹었습니다
읽다	읽	＋ 었습니다	→	읽었습니다
듣다	듣	＋ 었습니다	→	들었습니다*
학생이다	학생이	＋ 었습니다	→	학생이었습니다
공부하다	공부하	＋ 였습니다	→	공부하였습니다
			→	공부했습니다

● 듣다가-었습니다につくときは、들었습니다と不規則変化します。

3) 動詞か形容詞の語幹が母音で終わるときは、母音が省略されるか短縮されます。

가다	가	+ 았습니다	→	갔습니다
서다	서	+ 었습니다	→	섰습니다
오다	오	+ 았습니다	→	왔습니다
마시다	마시	+ 었습니다	→	마셨습니다

어제 친구를 만났습니다. 昨日友人に会いました。
나는 그저께 책을 읽었습니다.
어젯밤에 음악을 들었습니다.
마이클 씨는 어제 숙제를 했습니다.

연습 (練習)

これらの動詞を下の例にならって過去形に変えましょう。

보기   먹다 → **먹었습니다**

1) 쉬다　　→ _____
2) 공부하다 → _____
3) 오다　　→ _____
4) 놀다　　→ _____
5) 여행하다 → _____
6) 읽다　　→ _____

2 -았/었/였습니까

1) 礼儀正しい丁寧語の場合、疑問文は-었습니까で終わります。

읽다　　읽　+　었　+　습니까　→　읽었습니까

2) これらの終わり方は次のように語幹の母音によって分類できます。
   a) 動詞または形容詞の語幹の最後の母音がㅏかㅗなら、-았습니까が使われます。(하다を除く)
   b) 動詞または形容詞の語幹の最後の母音がㅏかㅗ以外なら、-었습니까が使われます。
   c) -하다で終わる動詞または形容詞は過去形なら、-였습니다が使われます。しかし、普段の会話では、省略形の했습니까が多く用いられます。

앉다	앉	+ 았습니까 →	앉았습니까
좋다	좋	+ 았습니까 →	좋았습니까
먹다	먹	+ 었습니까 →	먹었습니까
읽다	읽	+ 었습니까 →	읽었습니까
듣다	듣	+ 었습니까 →	들었습니까*
학생이다	학생이	+ 었습니까 →	학생이었습니까
깨끗하다	깨끗하	+ 였습니까 →	{ 깨끗하였습니까 → { 깨끗했습니까

▶ 듣다が-었습니다につくときは、들었습니까に不規則変化します。

옷을 샀습니까? 服を買いましたか?
어제 기분이 좋았습니까?

週末の活動 **주말 활동**

린다 씨는 아침을 먹었습니까?
마이클 씨, 방을 청소했습니까?

연습 1(練習 1)

下の例にならってこれらの表現を過去疑問形に変えてみましょう。

보기　밥을 먹다 → **밥을 먹었습니까?**

1) 영화를 보다　→ _____
2) 공부를 하다　→ _____
3) 학교에 가다　→ _____
4) 친구와 놀다　→ _____
5) 커피를 마시다 → _____

연습 2(練習 2)

下の絵を見て、例にならい次のパターンの練習をしましょう。

보기

가 : **밥을 먹었습니까?** 나 : **아니요, 커피를 마셨습니다.**

93

1)

가 : _____   나 : _____

2)

가 : _____   나 : _____

3)

가 : _____   나 : _____

4)

가 : _____   나 : _____

3 -에서

−에서は場所につき、ある行動をその場所で取ったということを表します。しかし、−에 (있다/없다)はある場所に何かが存在する/しないことを表すために使われます。

식당에서 밥을 먹었습니다.
　　食堂でご飯を食べました。

방에서 텔레비전을 봅니다.

도서관에서 공부를 합니다.

커피숍에서 친구를 만났습니다.

연습 (練習)

あなたは次の場所で普段何をしますか？ 下の例にならって答えを書きましょう。

> 보기　　학교 → <u>학교에서 공부를 합니다.</u>

1) 집　　→ _____
2) 백화점 → _____
3) 운동장 → _____
4) 극장　 → _____

>>> 과제 課題

1 과제 1 (課題 1)

쓰기 전(書く前に) 김진수는 土曜日に何をしましたか？ 彼はどこに行き、そこで何をしましたか？

1) 김진수는 今日はどこに行きましたか？ 彼が行った場所を挙げましょう。

_____ _____ _____ _____

2) 김진수가 上記の場所で何をしたかについてクラスメートと話し合いましょう。

> 보기
> 가 : 김진수 씨는 도서관에서 무엇을 했습니까?
> 나 : 김진수 씨는 도서관에서 친구를 만났습니다.

쓰기(書いてみよう) 김진수가 土曜日に何をしたかについて書きましょう。

_____
_____
_____

쓰고 나서(書いた後に) あなたのクラスメートの作文を読んで、絵の活動がすべて含まれているか確かめましょう。もし間違いがあれば訂正しましょう。

2 과제 2(課題 2)

쓰기 전(書く前に) あなたは先週末どこに行きましたか？あなたが行った場所のリストを作りましょう。また、あなたがしたことの覚え書きも作りましょう。

場所	行動

쓰기(書いてみよう) あなたが週末にしたことを描写する文章を書きましょう。

___

___

___

___

___

___

___

쓰고 나서(書いた後に) クラスメートに彼らが週末に何をしたか尋ねましょう。またクラス全員の前で、あなたが週末に何をしたか話しましょう。

3 과제 3 (課題 3)

쓰기 전 (書く前に) あなたは先週末どこに行き、何をしましたか？楽しかったでしょうか？下の表にその覚え書きを作りましょう。

どこに行きましたか？	何をしましたか？	どうでしたか？
극장	영화를 보다	재미있었습니다

쓰기 (書いてみよう) このレッスンで学んだ表現を用いて、週末の日記を書きましょう。

　　　　　　　　　　　　　년　　　월　　　일

_____

_____

_____

_____

_____

쓰고 나서 (書いた後に) 作文をどれか1つ選び、それをクラス全員に向けて読んでみましょう。それが誰の作文か分かりますか？なぜそれがその人のだと思ったのか説明しましょう。

새 단어 新単語

앉다 座る	좋다 よい	학생이다 学生だ
깨끗하다 きれいだ、清潔だ	−에서 〜で	운동장 運動場
도서관 図書館	아주 とても	많다 多い

週末の活動 주말 활동

>>> 자기 평가 自己評価

このレッスンを理解できましたか? 自分の韓国語を採点して、必要があればもっと勉強しましょう。

評価事項	自分の採点
1. 余暇活動に関連したボキャブラリーを書ける	苦手　まあまあ　得意
2. 過去に起こったことについて書ける	苦手　まあまあ　得意
3. 週末にどこで何をしたか書ける	苦手　まあまあ　得意

>>> 문화 (文化) : 韓国人の週末

週休二日制が導入されてから、週末を自由に楽しむ韓国人が増えています。家族で食事やピクニック、山登りに出かける人もいれば、趣味を楽しんだり、宗教的な行事に参加する人もいます。若い世代には、日本など近隣の国にちょっとした海外旅行に出かける人もいます。金曜の夜に韓国を発ち、月曜の明け方に帰ってくるのです。韓国人の週末は実にエネルギッシュです。

レッスン 06 | 買い物
물건 사기

●●● 目標

買い物について書けるようにする。お店で買い物をするときに量や値段などの正しい表現を使えるようにする

- 課題：買い物リストを作る。あなたがお店で買ったものについて書く。近頃の買い物の経験について書く
- ボキャブラリー：物、果物、数字
- 文法：수량명사(数詞), −와/과, 안, −고 싶다
- 文化：韓国の通貨

우리 슈퍼마켓
9. 19.

품목	수량	가격
빵	2	2000
우유	2	3000
합계		5000

>>> 들어가기 導入

- 彼はどこにいますか？ 彼はそこで何をしていますか？ 彼は何を買いましたか？ 全部でいくらしましたか？
- あなたは昨日何かを買いましたか？ それはいくらしましたか？

買い物 물건 사기

>>> 예시 글 例文

저는 오늘 슈퍼마켓에 갔습니다.
슈퍼마켓에서 빵과 우유를 샀습니다.
포도도 사고 싶었습니다.
그렇지만 포도가 너무 비쌌습니다.
그래서 포도를 안 샀습니다.
모두 5,000원이었습니다.

새 단어 新単語

물건 사기 買い物	슈퍼마켓 スーパーマーケット	-과 ～と
포도 ブドウ	-고 싶다 ～したい	그렇지만 そうではあるが
너무 あまりに	비싸다 高い	안 ない
모두 すべて	원 ウォン	

>>> 어휘 및 표현 ボキャブラリーと表現

買い物に関する表現を勉強しましょう。

1 물건(物)

빵 パン	우유 牛乳	주스 ジュース	콜라 コーラ
과자 菓子	종이 紙	노트 ノート	볼펜 ボールペン

✏️ **연습 (練習)**

下に描かれた品物の名前を書きましょう。

1) _____

2) _____

3) _____

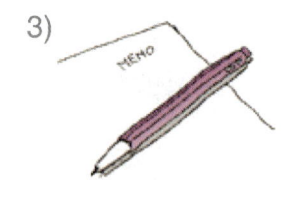

4) _____

5) _____

6) _____

2 과일 (果物)

사과 リンゴ　　　배 梨　　　포도 ブドウ
딸기 イチゴ　　복숭아 桃　　오렌지 オレンジ

✏️ **연습 (練習)**

下に描かれた果物の名前を書きましょう。

1) _____

2) _____

3) _____

買い物 물건 사기

4)　　　　　　　5)　　　　　　　6)

3 수(数)

십(10)	이십(20)	삼십(30)	사십(40)	오십(50)	육십(60)	칠십(70)	팔십(80)	구십(90)
백(100)	이백	삼백	사백	오백	육백	칠백	팔백	구백
천(1,000)	이천	삼천	사천	오천	육천	칠천	팔천	구천
만(10,000)	이만	삼만	사만	오만	육만	칠만	팔만	구만
십만(100,000)	이십만	삼십만	사십만	오십만	육십만	칠십만	팔십만	구십만
백만(1,000,000)	이백만	삼백만	사백만	오백만	육백만	칠백만	팔백만	구백만
천만(10,000,000)	이천만	삼천만	사천만	오천만	육천만	칠천만	팔천만	구천만

○ 100, 1,000, 10,000, 100,000은 일백, 일천, 일만, 일십만이 아니라 백, 천, 만, 십만이라고 읽습니다.

연습 1(練習 1)

下の例にならって次の数を韓国語で書きましょう。

　보기　500 → **오백**

1) 200　→ _____　　　2) 1,500　→ _____
3) 40,020 → _____　　4) 3,710　→ _____
5) 600,700 → _____　　6) 920　→ _____

연습 2 (練習 2)

値段を聞くには얼마입니까?と言い、それに答えるには数の後に원입니다と言いましょう。

> 보기   얼마입니까?(500) → <u>오백 원입니다</u>.

1) 얼마입니까? (3,000)   → _____
2) 얼마입니까? (150)   → _____
3) 얼마입니까? (2,400)   → _____
4) 얼마입니까? (67,050) → _____
5) 얼마입니까? (101,000) → _____
6) 얼마입니까? (83,400) → _____

>>> **문화(文化)：韓国の通貨**

원(ウォン)は韓国の通貨です。韓国のお金には10원、50원、100원、500원の硬貨と、1,000원、5,000원、10,000원の紙幣があります。
韓国を象徴する多宝塔、稲穂、大提督の이순신(イスンシン)(李舜臣)、そして鶴などのシンボルがコインに刻印されています。紙幣には、韓国史の偉人이황(イファン)(李滉)と이이(イイ)(李珥)、ハングルを発明を発明した세종대왕(セジョンテワン)(世宗大王)らが描かれています。

買い物 **물건 사기**

>>> 문법 文法

1 수량 명사

韓国語には2種類の数詞があります。一つは韓国固有の数、もう一つは漢語起源の数です。物を数えるときには、韓国固有の数が使われ、特定の物を数えるときには韓国固有の数に次の単位がつきます。

개 物を数える基本的な単位　　　병 瓶を数える単位
잔 コップを数える単位　　　　　권 本を数える単位
장 紙や写真を数えるための単位

しかし、数と単位がくっついたときは、하나, 둘, 셋, 넷, 스물は한, 두, 세, 네, 스무に変化します。

한 개　두 개　세 개　네 개　다섯 개　여섯 개 …… 스무 개

文中で数の単位が物の名前とくっついたときには、物が先に来て、その次に数、そして単位が来ます。つまり下のようになります。

사과 세 개 → 사과를 세 개 샀습니다.
　　　　　　　リンゴを３つ買いました。
주스 두 병 → 주스를 두 병 샀습니다.
커피 한 잔 → 커피를 한 잔 마셨습니다.
책 네 권　 → 책이 네 권 있습니다.
종이 한 장 → 종이를 한 장 주었습니다.

✏️ 연습 1(練習 1)

下の例にならって空欄を埋めましょう。

> 보기
>
> 한 개 → 사과 한 개

1) → _____

2) → _____

3) → _____

4) → _____

買い物 **물건 사기**

🖊 연습 2 (練習 2)

下の例にならって次の絵を描写しましょう。

보기

사과가 한 개 있습니다.

1)

2)

3)

4)

107

2 -와/과

-와/과は名詞につき、その名詞を別の名詞とつなぎます。これは「名詞と名詞」のパターンを表現します。後の名詞が母音で終わるときは-와を使い、子音で終わるときは-과を使いましょう。会話では-와/과の代わりに-하고がよく使われますが、書くときは-와/과がより多く用いられます。

빵, 우유 → 빵과 우유 / 빵하고 우유
사과, 배 → 사과와 배 / 사과하고 배

빵과 주스를 먹습니다.※ パンとジュースを飲みます。
볼펜과 노트가 있습니다.
주스와 커피를 샀습니다.
복숭아와 배를 좋아합니다.

○ 먹습니다(→먹다)には、食べる、飲むの意味があります。

연습 (練習)

下の例にならって空欄を埋めましょう。

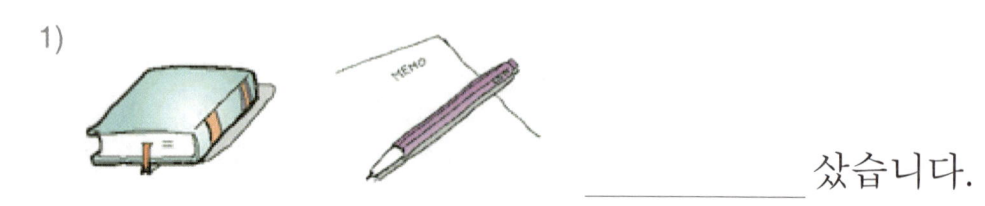

보기

사과와 배를 샀습니다.

1)

＿＿＿＿＿＿ 샀습니다.

2)

_____ 샀습니다.

3)

_____ 먹었습니다.

4)

책상 위에 _____ 있습니다.

3 안

안은 動詞または形容詞の前に来て、それを否定します。

갑니다   → 안 갑니다
먹었습니다 → 안 먹었습니다

하다がついた行動を示す動詞では、その否定形は「名詞을/를＋안 하다」の順になります。

노래합니다   → 노래를 안 합니다
공부했습니다 → 공부를 안 했습니다

학교에 안 갑니다. 学校に行きません。
밥을 안 먹었습니다.
방이 안 깨끗합니다.
사과가 안 비쌌습니다.

연습 (練習)

下の例にならい、안을 사용해 次の質問に答えましょう。

> 보기
> 가 : 밥을 먹습니까?
> 나 : **아니요, 밥을 안 먹습니다.**

1) 가 : 친구를 만납니까?
   나 : _____

2) 가 : 아침에 밥을 먹었습니까?
   나 : _____

3) 가 : 빵이 비쌉니까?
   나 : _____

4) 가 : 한국어를 공부합니까?
   나 : _____

4 -고 싶다

-고 싶다は動詞語幹につき、一人称主語の願望を表します。疑問文では二人称主語にも用いられます。

커피를 마시고 싶습니다. コーヒーを飲みたいです。
밥을 먹고 싶습니다.
친구를 만나고 싶었습니다.
(수미 씨는) 무엇을 하고 싶습니까?

연습 (練習)

絵を見て下の例にならって答えましょう。

보기

가 : 무엇을 하고 싶습니까?
나 : **물을 마시고 싶습니다.**

1)

가 : 무엇을 하고 싶습니까?
나 : _____

2)

가 : 무엇을 하고 싶습니까?
나 : _____

3)

가 : 무엇을 하고 싶습니까?

나 : _____

4)

가 : 무엇을 하고 싶습니까?

나 : _____

>>> 과제 課題

1 과제 1 (課題 1)

쓰기 전(書く前に) あなたは自分の部屋でパーティーを開くことにしました。あなたは5人の友人を呼び、今あなたはパーティー用の品物を買いにスーパーマーケットに行かなければなりません。次の広告を見てみましょう。

우리 슈퍼마켓

3,000원   3,500원   5,000원   2,000원

500원   700원   700원   2,300원   1,500원   1,400원

112

買い物 物건 사기

쓰기(書いてみよう) 何を何個買うかを決め、買う物のリストを作りましょう。20,000ウォンを超えないように注意しましょう。

品物	量	値段
사과	다섯 개	3,000원

쓰고 나서(書いた後に) あなたのショッピングリストを、クラスメートのリストと比べましょう。

2 과제 2 (課題 2)

쓰기 전(書く前に) 下のレシートを見て、買った物とその値段と、それぞれの品物の値段の一覧について話し合いましょう。

영 수 증			
日	品物	量	値段
5/15	빵	40개	2,800원
	우유	30개	1,500원
	사과	10개	7,000원
	배	20개	3,000원
	주스	1병	2,100원
			合計 16,400원

113

쓰기(書いてみよう) 購入した品物と払った金額を表す文章を書きましょう。

_____

_____

_____

쓰고 나서(書いた後に) 自分の書いた文章をクラスメートに対して読み上げましょう。またクラスメートが自分の作文を読み上げるのを聞き、何か間違いがあれば訂正しましょう。

3 과제 3 (課題 3)

쓰기 전(書く前に) 次の表をあなたが最近買ったもののリストで埋めま

品物	量	値段

쓰기(書いてみよう) 上の表の情報をもとに文章を書きましょう。

_____

_____

쓰고 나서(書いた後に) 自分の書いたものをクラスメートに読み上げましょう。

買い物 **물건 사기**

새 단어 新単語

얼마 いくら	수영 水泳	아버지 お父さん(父)
어머니 お母さん(母)	사다 買う	네 はい
영수증 領収証	맥주 ビール	-와/과 ~と

>>> 자기 평가 自己評価

このレッスンを理解できましたか? 自分の韓国語を採点して、必要があればもっと勉強しましょう。

評価事項	自分の採点
1. よく買う品物の名前を知っている	苦手　まあまあ　得意
2. 否定文を使って表現できる	苦手　まあまあ　得意
3. 品物の値段と量を説明できる	苦手　まあまあ　得意
4. 自分の買い物の経験について作文できる	苦手　まあまあ　得意

レッスン 07 | 計画・約束
계획・약속

●●● 目標

日付や曜日に関する表現を学び、未来の計画や約束について書く

- 課題：今週と来週の計画を書く。未来の計画を描写する
- ボキャブラリー：月、日、曜日、日付と時間
- 文法：-(으)ㄹ 것이다, -(으)ㅂ시다, -기로 하다
- 文化：コリアンタイム

SUN	MON	TUE	WED	THU	FRI	SAT
	1	2	3	4	5	6 오후, 영진씨, 테니스
7 2시, 수미씨, 영화	8 6시, 부모님, 저녁	9	10	11	12	13
14	15 12시, 선생님, 점심	16	17	18	19	20
21	22	23	24 3시, 영진씨	25	26	27
28	29	30	31			

>>> 들어가기 導入

- これは何ですか？ これには何が書かれていますか？ 5月7日にはどんな行事がありますか？
- 今日はどんな用事がありますか？

計画・約束 **계획 · 약속**

>>> 예시 글 文法

오늘은 오월 육 일 토요일입니다.
영진 씨가 전화를 했습니다.
"오후에 테니스를 칩시다."
그래서 우리는 테니스를 치기로 했습니다.
내일은 약속이 있습니다.
오후 두 시에 수미 씨를 만나기로 했습니다.
같이 영화를 볼 것입니다.

새 단어 新単語

계획 計画	약속 約束	월 月
일 日	요일 曜日	테니스를 치다 テニスをする
-기로 하다 〜しようとする	같이 一緒に	-(으)ㄹ 것이다 〜だろう
점심 昼食	-(으)ㅂ시다 〜しましょう	

>>> 어휘 및 표현 ボキャブラリーと表現

日付や、曜日、時間の表現を勉強しましょう。

1 월(月)

일월 1月   이월 2月   삼월 3月   사월 4月
오월 5月   유월※ 6月 칠월 7月   팔월 8月
구월 9月   시월※ 10月 십일월 11月 십이월 12月

▶ 月は漢語起源の数に월をつけます。6月は유월でなく유월と書き、10月も십월でなく시월と書きます。

🖊 연습 (練習)

次の月を読んで、これらを韓国語で書きましょう。

1) 1월 _____   2) 4월 _____
3) 6월 _____   4) 9월 _____
5) 10월 _____   6) 11월 _____

2 일(日)

일 일 1日   이 일 2日   삼 일 3日
                  ⋮
이십구 일 29日   삼십 일 30日   삼십일 일 31日

➡ 日付は漢語の数に일をつけます。

🖊 연습 (練習)

日付を尋ねるときは、몇 월 며칠입니까?と言います。下の例にならって次の日付を韓国語で書きましょう。

> 보기　가 : 몇 월 며칠입니까?(1월 5일)
> 　　　나 : **일월 오 일 입니다.**

1) 가 : 몇 월 며칠입니까?(4월 12일)
　　나 : _____

2) 가 : 몇 월 며칠입니까?(6월 6일)

　　나 : _____

3) 가 : 몇 월 며칠입니끼?(10월 7일)

　　나 : _____

4) 가 : 몇 월 며칠입니까?(11월 1일)

　　나 : _____

3 요일(曜日)

월요일 月曜日	화요일 火曜日	수요일 水曜日
목요일 木曜日	금요일 金曜日	토요일 土曜日
일요일 日曜日	주말 週末	

✎ 연습 (練習)

韓国語で1週間の曜日を書きましょう。

Sunday (일요일)	Monday ( )	Tuesday ( )	Wednesday ( )	Thursday ( )	Friday ( )	Saturday ( )
				1	2	3
4	5	6	7	8	9	10

December 12

4 날짜와 시간의 표현（日付と時間の表現）

내일 열 시　明日の10時
일요일 오전　日曜の朝
내일 오후 두 시　明日の午後2時
일월 오 일 세 시　1月5日の3時

● 韓国語では日付と時間は大きい方から小さい方の単位の順番で書きます。
（2006년 1월 5일 오후 두 시）

연습 1(練習 1)

下の例にならって次の表現をつなぎましょう。

> 보기　아침, 내일, 한 시, 오늘, 오후, 수요일,
> 칠월 십오 일, 열 시, 밤
> → __내일 오후__

1) _____　2) _____
3) _____　4) _____

연습 2(練習 2)

下の例にならって次の表現をつなぎ、またその時間にあなたが何をしているかを書きましょう。

> 보기　밤, 내일, 열 시, 오늘, 오후, 금요일, 아침,
> 팔월 이십 일, 저녁
> → __내일 오후에 친구를 만납니다.__

1) _____
2) _____
3) _____
4) _____

>>> 문법 文法

1 -(으)ㄹ 것이다

-을 것입니다は動詞語幹について未来の行動を表します。動詞語幹が母音もしくはㄹで終わるときは-ㄹ 것입니다が使われ、ㄹ以外の子音で終わるときは、-을 것입니다が使われます。

만나다 → 만나 + ㄹ 것이다 → 만날 것이다
살다　 → 살　 + ㄹ 것이다 → 살 것이다
읽다　 → 읽　 + 을 것이다 → 읽을 것이다

내일 친구를※ 만날 것입니다.
　明日友人に会うでしょう。

서울에서 살 것입니다.
주말에 책을 읽을 것입니다.
일요일에 등산을 할 것입니까?

○ ～に会うは、韓国語では、～를(을)만나다と言います。

연습 1(練習 1)

－을 것입니다のパターンを使って次の文章を完成させましょう。

> 보기　오늘 아침에 **운동을 할 것입니다**.

1) 일요일에 _____
2) 오늘 저녁에 _____
3) 친구와 같이 _____
4) 금요일 오후에 시험이 있습니다.
   _____

연습 2(練習 2)

次の絵を見て下の例にならって質問に答えましょう。

보기

어제 무엇을 했습니까?
영화를 봤습니다.
지금 무엇을 합니까?
영화를 봅니다.
내일 무엇을 할 것입니까?
영화를 볼 것입니다.

計画・約束 **계획 · 약속**

1) 수미 씨는 어제 무엇을 했습니까?
   _____

2) 영진 씨는 지금 무엇을 합니까?
   _____

3) 일요일에 무엇을 할 것입니까?
   _____

4) 마이클 씨는 지금 무엇을 합니까?
   _____

2 -(으)ㅂ시다

-읍시다は動詞語幹につき、「〜しよう」を表します。動詞語幹が母音かㄹで終わるときは、-ㅂ시다が加わり、子音の後は-읍시다が加わります。この場合、ㄹに-ㅂ시다が加わるときにはㄹが省略されます。-ㅂ시다は友人同士で使われるので、目上の人には使わないように注意しましょう。

내일 영화를 봅시다. 明日映画を観ましょう。
사과를 두 개 삽시다.
서울에서 삽시다.
같이 점심을 먹읍시다.

연습 (練習)

未来の用事について話し合っているときに、-을까요は他の人の意見を尋ねるために使います。

보기

가 : 내일 무엇을 할까요?
나 : **영화를 봅시다**.

1)

가 : 몇 시에 만날까요?
나 : _____

2)

가 : 뭐 먹을까요?
나 : _____

3)
가 : 책을 읽을까요?
나 : _____

4)
가 : 등산을 할까요?
나 : _____

3 -기로 하다

-기로 하다は動詞語幹につき、「〜をすることにする」という意味です。これは普通、過去形の-기로 했습니다の形で使われます。

내일 영화를 보기로 했습니다.
　　明日、映画を観ることにしました。

아침 아홉 시에 가기로 했습니다.
이 책을 읽기로 했습니다.
어디에서 만나기로 했습니까?

연습 (練習)

-기로 하다のパターンを使って次の文を完成させましょう。

> 보기　　내일은 민수 씨와 **영화를 보기로 했습니다**.

1) 방학 때 _____
2) 내일 오후 두 시에 _____

3) 극장 앞에 사람이 너무 많았습니다. 그래서 _____

_____

4) 한국말을 잘하고 싶습니다. 그래서 _____

_____

>>> 과제 課題

1 과제 1 (課題 1)

쓰기 전(書く前に) 下の絵はマイケルの予定表です。彼は今週いくつかの予定があります。クラスメートと彼が何をしたか、何をする予定なのか話し合いましょう。

計画・約束 **계획・약속**

쓰기(書いてみよう)　今日は5月5日です。彼が何をしたか、そして今週何をするつもりなのかについての文章を書きましょう。

_____

_____

_____

_____

_____

_____

_____

_____

쓰고 나서(書いた後に)　自分の書いた文章をクラスメートに対して読み上げましょう。また、クラスメートの作文を注意深く聞き、もし間違いがあるのなら訂正しましょう。

2 과제 2 (課題 2)

쓰기 전(書く前に)　あなたは誰と会う予定がありますか？いつどこでその人と会うのか、また一緒に何をする予定なのか書きましょう。

誰	いつ	どこで	何の

127

쓰기(書いてみよう) 上の情報を使って、自分の約束についての文章を書きましょう。

_____
_____
_____

쓰고 나서(書いた後に) もしあなたがクラスメートの予定について知ったらあなたは何を質問すると思いますか？質問を下に書き、クラスメートに尋ねてみましょう。

3 과제 3 (課題 3)

쓰기 전(書く前に) 下の例にある質問を使って、今週末あなたとあなたのクラスメートが何をするかについて話し合いましょう。

> 보기 같이 수영장에 갈까요?
> 몇 시에 만날까요?

쓰기(書いてみよう) 上の話し合いに基づき、あなたのクラスメートとの予定を説明する文章を書きましょう。

_____
_____
_____

쓰고 나서(書いた後に) 別のクラスメートに今週末の予定を尋ねてみましょう。

計画・約束 **계획 · 약속**

새 단어 新単語

서울 ソウル	살다 生きる、暮らす	등산을 하다 登山をする
시험 試験	비빔밥 ビビンバ	이 これ、この
방학 (学校の)休暇	때 とき	앞 前
한국말 韓国語	잘하다 うまくやる	서점 書店
생일 파티 誕生会	커피숍 喫茶店	

>>> 자기 평가 自己評価

このレッスンを理解できましたか？ 自分の韓国語を採点して、必要があればもっと勉強しましょう。

評価事項	自分の採点
1. 日付や一週間の曜日を覚えている	苦手　まあまあ　得意
2. あなたは未来の予定について話せる	苦手　まあまあ　得意
3. あなたは自分の約束を描写できる	苦手　まあまあ　得意

>>> 문화(文化)：コリアンタイム

待ち合わせや予約した時間に遅刻した人が、「コリアンタイム」と言い訳するのを耳にしたことがあるかもしれません。かつて、韓国では約束の時間に30分から1時間も遅刻することがよくあり、この言葉が生まれました。韓国人はせっかちなので、万事を先んじて進めようとするため、本当に来れる時間の30分から1時間前に来るように約束してしまうからだと言われています。つまり、当日遅れても差支えがないように、あらかじめ早めの時間を指定しておくということです。しかし、今日の韓国では万事がハイペースで、こんな言葉を聞くことはほとんどなくなりました。

レッスン　季節・天気
08 계절·날씨

●●● 目標

天気や時間について描写できるようにする

- **課題**：世界の天気について書く。韓国の四季について書く。好きな季節について書く
- **ボキャブラリー**：天気、季節に関するボキャブラリー
- **文法**：−고, −은/는 −이/가〜
- **文化**：韓国の季節と天気

>>> 들어가기 導入

- この絵は何を示していますか？ それぞれの季節の天気はどんなものでしょうか？ 人はそれぞれの季節にどんなことをしますか？
- あなたの好きな季節は何ですか？ その季節が好きな理由は？

>>> 예시 글 例文

지금은 봄입니다.
날씨가 무척 따뜻합니다.
꽃도 많이 피었습니다.
　어제는 비가 많이 왔습니다.
그렇지만 오늘은 날씨가 아주 좋습니다.
그래서 오늘 우리 가족은 소풍을 갈 것입니다.

새 단어 新単語

계절 季節	봄 春	무척 とても	따뜻하다 暖かい
꽃이 피다 花が咲く	많이 多く	비 雨	우리 私たち
가족 家族	소풍 ピクニック、遠足		

>>> 어휘 및 표현 ボキャブラリーと表現

天気や季節に関する表現やボキャブラリーを勉強しましょう。

1 계절(季節)

봄 春　　　　　　　　　여름 夏
가을 秋　　　　　　　　겨울 冬

📝 연습（練習）

下の絵を見て、それに合った季節を空欄に書き込みましょう。

1) _____

2) _____

3) _____

4) _____

2 날씨（天気）

따뜻하다 暖かい	덥다 暑い
시원하다 涼しい	춥다 寒い
맑다 晴れた	흐리다 曇っている
비가 오다 雨が降る	눈이 오다 雪が降る
날씨가 좋다 天気がよい	날씨가 나쁘다 天気が悪い
바람이 불다（바람이 붑니다*） 風が吹く	

➡ 불다は-ㅂ니다についたときは不規則変化します。

季節・天気 **계절 · 날씨**

✏️ **연습 (練習)**

この天気はどんなものでしょうか？ 下の例にならって天気を描写しましょう。

보기

맑습니다.

1)

2)

3)

_____　_____　_____

4)

5)

6)

_____　_____　_____

3 계절 관련 어휘(季節に関する表現)

꽃이 피다 花が咲く
단풍이 들다(들었습니다*) 紅葉する(しました)
스키를 타다 スキーをする
소풍을 가다 ピクニックに行く
방학을 하다 (学校の)休暇を取る
휴가를 가다 休暇を取る

➡ 단풍이 들다は過去形ですが、現在の状態を指示します。

>>> **문화(文化)：韓国の季節と天気**

韓国の季節ははっきりと4つに分かれています。春はだいたい3月から5月までで、暖かい風が吹き、植物が芽吹きます。夏は6月から8月までです。夏には気温が摂氏30度あたりを上下してとても暑く、雨がよく降ります。6月には激しい雨が降り、それ以降は蒸し暑くなり、台風で洪水となることもあります。秋は9月から11月までで、涼しい天気のなか、葉が落ちて色を変えます。冬は12月から2月までで、寒く、気温は摂氏0度ぐらいで、ときにマイナス10度まで落ち込み、よく雪が降ります。学生は夏には休み、冬には田舎か海外で休暇を取ります。

季節・天気 **계절 · 날씨**

🖉 연습 (練習)

前ページの文化に関するコラムを読んで、クラスメートと韓国の四季について話し合いましょう。

> 보기 따뜻하다, 춥다, 덥다, 시원하다, 눈이 오다, 비가 오다,
> 꽃이 피다, 스키를 타다, 단풍이 들다(들었습니다*).
> 소풍을 가다, 방학을 하다

1) 봄　　：＿＿＿＿＿＿＿＿＿＿＿＿＿＿＿＿＿＿＿＿
2) 여름：＿＿＿＿＿＿＿＿＿＿＿＿＿＿＿＿＿＿＿＿
3) 가을：＿＿＿＿＿＿＿＿＿＿＿＿＿＿＿＿＿＿＿＿
4) 겨울：＿＿＿＿＿＿＿＿＿＿＿＿＿＿＿＿＿＿＿＿

>>> 문법 文法

1 -고

1) -고は2つの文をつなぎ、行動や状態の順番を表します。これは時間に従った行動の順番も表します。2つの文の話題は同じときもあれば違うときもあります。

비가 옵니다. 그리고 바람이 붑니다.
→ 비가 오고 바람이 붑니다.

나는 밥을 먹습니다. 그리고 (나는) 커피를 마십니다.
→ 나는 밥을 먹고 커피를 마십니다.

135

2) -고は過去形の2つの文をつなぎます。この過去形は文の末尾で表します。

비가 왔습니다. 그리고 바람이 불었습니다.
→ 비가 오고 바람이 불었습니다.

눈이 오고 춥습니다. 雪が降って寒いです。
날씨가 따뜻하고 하늘이 맑습니다.
우리는 어제 영화를 보고 이야기를 했습니다.
나는 커피를 마시고 민호 씨는 콜라를 마셨습니다.

연습 1(練習 1)

下の例にならって、2つの文をつなぎましょう。

> 보기   눈이 옵니다. 그리고 바람이 붑니다.
> → **눈이 오고 바람이 붑니다**.

1) 꽃이 피었습니다. 그리고 날씨가 좋습니다.
   → _____

2) 날씨가 덥습니다. 그리고 비가 많이 옵니다.
   → _____

3) 지수 씨는 봄을 좋아합니다. 그리고 철민 씨는 여름을 좋아합니다. → _____

4) 여름에는 수영을 했습니다. 그리고 겨울에는 스키를 탔습니다. → _____

✎ 연습 2(練習 2)

次の例にならって、2つの連続する行動を描写する文を書きましょう。

보기

마이클

마이클 씨는 수영을 하고 테니스를 쳤습니다.

1)

언니

_____

2)

유미   민수

3)

나   린다

4)

샤오칭   밍밍

2 -은/는 -이/가(述部)

話題を示す助詞である-은/는は、その話題について話すときに用いられます。수미がその文章の話題のときは、수미는＋述部となります。
しかし述部は수미는 잡니다となり、수미는 예쁩니다、수미는 키가 큽니다のように動詞、形容詞節になります。語順は-은/는 -이/가 -ㅂ/습니다のようになります。

수미는 키가 큽니다.

나는 기분이 좋습니다. 私は気分がよいです。
수미 씨는 얼굴이 예쁩니다.
어제는 비가 왔습니다.
오늘은 날씨가 좋습니다.

연습 (練習)

下の例にならい、与えられたヒントを使って文章を書きましょう。

> 보기   오늘 / 날씨, 좋다 →   **오늘은 날씨가 좋습니다.**

1) 연희 씨 / 키, 크다 → _____
2) 어제 / 눈, 오다   → _____
3) 오늘 / 시간, 없다 → _____
4) 여름 / 날씨, 덥다 → _____

>>> 과제 課題

1 과제 1 (課題1)

쓰기 전(書く前に) 下にあるのは世界の都市の天気予報です。クラスメートと様ざまな地域の天気について話し合いましょう。

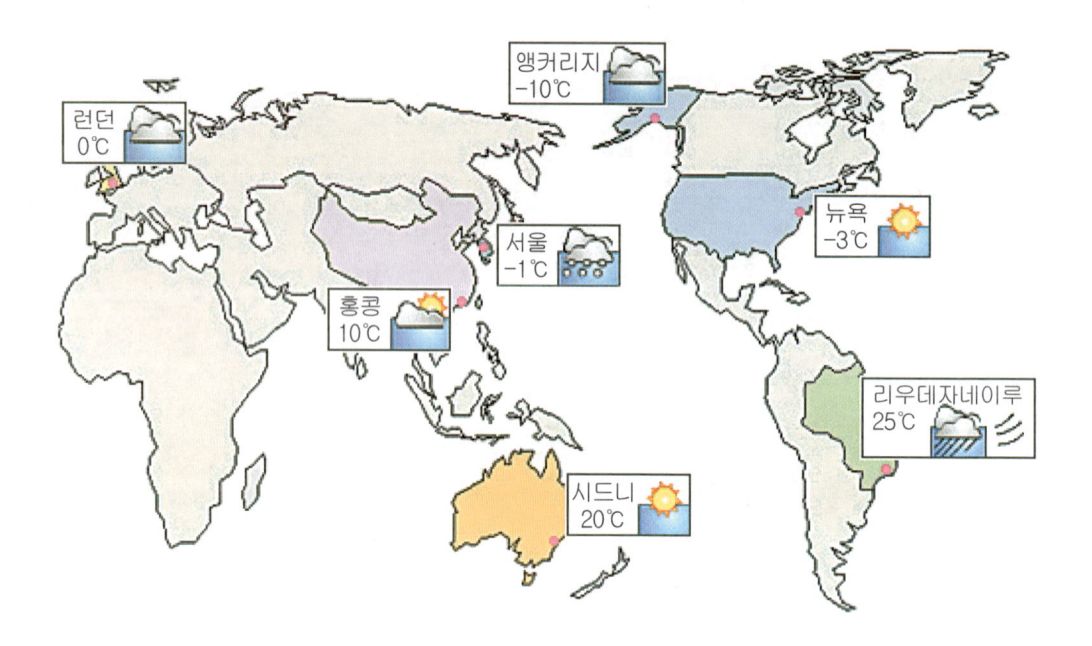

런던 0℃

앵커리지 −10℃

뉴욕 −3℃

서울 −1℃

홍콩 10℃

리우데자네이루 25℃

시드니 20℃

쓰기(書いてみよう) 上の話し合いをもとに、それぞれの地域の天気を描写する文を書きましょう。

서울은 조금 춥고 눈이 옵니다.

쓰고 나서(書いた後に) クラスメートとあなたの出身地では今日はどんな天気か話し合いましょう。

2 과제 2 (課題 2)

쓰기 전(書く前に) 下は韓国の四季を描いた絵です。クラスメートとそれぞれの国の季節の天気について話し合いましょう。また、それぞれの国の違った季節に人がどのような活動をするか話し合いましょう。

쓰기(書いてみよう) それぞれの季節を描写する文章を書きましょう。

_____
_____
_____
_____
_____

쓰고 나서(書いた後に) あなたの作文をクラスメートと比べましょう。

3 과제 3 (課題 3)

쓰기 전(書く前に) 次の4つの質問についてクラスメートと話し合いましょう。

① 어느 계절을 좋아합니까?
② 그 계절의 날씨는 어떻습니까?
③ 왜 그 계절을 좋아합니까?
④ 그 계절에는 보통 사람들이 무엇을 합니까?

쓰기(書いてみよう) 上の質問に対するあなたの答えをもとに、あなたの好きな季節とその理由についての文章を書きましょう。

_____
_____
_____
_____
_____
_____

쓰고 나서(書いた後に) あなたのクラスメートに彼らの好きな季節とその理由について聞いてみましょう。

새 단어 新単語

하늘 空、天	키가 크다 背が高い	기분 気分
얼굴 顔	예쁘다 きれいだ	조금 少し
어느 どの	왜 なぜ	그 その
사람들 人びと		

季節・天気 계절・날씨

>>> 자기 평가 自己評価

このレッスンを理解できましたか? 自分の韓国語を採点して、必要があればもっと勉強しましょう。

評価事項	自分の採点
1. 天気や季節に関する表現を知っている	苦手　まあまあ　得意
2. 自分の国の季節と天気を描写できる	苦手　まあまあ　得意
3. 自分の好きな季節について描写できる	苦手　まあまあ　得意

レッスン 09 | 家族
가족

••• 目標

適切なボキャブラリーと表現を使って自分の家族について書けるようにする

- 課題：自分の家族について書く。自分の家族のメンバーの紹介をする
- ボキャブラリー：家族のメンバー、敬称
- 文法：-(으)시-, -께서, -께서는
- 文化：韓国人の家族

>>> 들어가기 導入

- 上は何の絵ですか? この家は何人家族ですか?
- あなたの家は何人家族ですか?

家族 **가족**

> **>>> 예시 글** 例文

　우리 가족은 할아버지, 아버지, 어머니, 형, 그리고 저, 모두 다섯 명입니다.
　할머니께서는 작년에 돌아가셨습니다.
할아버지께서는 전에 의사셨습니다.
그렇지만 지금은 일을 안 하십니다.
아버지는 회사에 다니시고, 어머니는 선생님이십니다.
형은 대학생이고, 저는 고등학생입니다.
　우리 가족은 무척 행복합니다.

새 단어 新単語

할아버지 おじいさん(祖父)	할머니 おばあさん(祖母)
-께서는 ～におかれましては	작년 昨年
돌아가시다 亡くなられる	전에 前に
-(으)셨습니다 ～なさいました	다니다 通う
-(으)십니다 ～なさいます	대학생 大学生
고등학생 高校生	행복하다 幸福だ

>>> **어휘 및 표현** ボキャブラリーと表現

自分の家族を紹介するのに必要な、親族を表す用語や表現を勉強しましょう。

1 가족(家族)

할아버지 おじいさん(祖父)　　　할머니 おばあさん(祖母)
외할아버지 母方のおじいさん(外祖父)
외할머니 母方のおばあさん(外祖母)
아버지 お父さん(父親)　　　어머니 お母さん(母親)
형 兄(弟が兄を言うとき)　　　누나 姉(弟が姉を言うとき)
오빠 兄(妹が兄を言うとき)　　　언니 姉(妹が姉を言うとき)
동생 弟または妹

연습 (練習)

上のリストを使って空欄を埋めましょう。数字はその人の年齢を示しています。

1)　① ② ③ ④

⑤ ⑥

29세　27세　25세　20세

⑦ ⑧ 나 ⑨

家族 **가족**

2) ① ②
③ ④ 나 ⑤

(37세 34세 32세 29세)

2 경어 어휘(敬意を込めた表現)

계시다 いらっしゃる　　　돌아가시다 亡くなられる
드시다* 召し上がる　　　말씀하시다 おっしゃられる
편찮으시다 病気になられる

● 드시다には食べることと、飲むことの両方の意味があります。

연습(練習)

下の絵を見て、例にならい、敬称を使って彼が何をしているか書きましょう。

보기

내가 물을 마십니다.
→ 할아버지가 <u>물을 드십니다</u>.

1)  내가 사과를 먹습니다.
   → 할아버지가 _____

2)  내가 방에 있습니다.
   → 할아버지가 _____

3)  내가 말합니다.
   → 할아버지가 _____

4)  내가 죽었습니다.
   → 할아버지가 _____

>>> 문법 文法

1 -(으)시-

-으시-は動詞か形容詞の語幹につき、その行動を取る主語の状態を表します。これは普通年上の人か、知らない人の状態を示します。記述的な文尾では、-으십니다が現在形、-으셨습니다が過去形、-으실 것입니다が未来形です。

보다 : 보+시+ㅂ니다 → 보십니다
　　　 보+시+었습니다 → 보시었습니다 → 보셨습니다
　　　 보+시+ㄹ 것입니다 → 보실 것입니다

動詞か形容詞の語幹がㄹか母音で終わる場合は-시-を使い、そうでなければ-으시-を使いましょう。ㄹの次に-시-が来るときにはㄹがなくなることに注意しましょう。

아버지가 신문을 보십니다. 父が新聞を読まれます。
할머니는 지금 서울에 사십니다.
선생님은 어제 선물을 받으셨습니다.
할아버지는 선생님이셨습니다.
사장님이 전화를 거실 것입니다.
어머니는 신문을 읽으실 것입니다.

🖊 연습 (練習)

下の例にならい、次の文を敬語を使って書き直しましょう。

> 보기　저는 신문을 봅니다. (아버지)
> → **아버지가 신문을 보십니다.**

1) 동생이 책을 읽습니다. (어머니)
→ _____

2) 친구가 이야기를 합니다. (선생님)
→ _____

3) 마이클 씨, 어제 어디 갔습니까? (할아버지)
→ _____

4) 저는 어제 등산을 했습니다. (아버지)
→ _____

5) 저는 서울에 삽니다. (선생님)
→ _____

6) 언니가 선물을 많이 받았습니다. (어머니)
→ _____

2 -께서, -께서는

-께서は-이/가の尊敬語で、-께서는は-은/는の尊敬語です。しかし、正式な場合を除いて、-으시-(아버지께서/께서는 회사에 다니십니다. 아버지가/아버지는 회사에 다니십니다)の方が一般的に用いられます。

아버지께서 일을 하십니다.
　　父が(お父様におかれましては)仕事をされます。

할머니께서 언제 오십니까?
어머니께서는 회사에 가셨습니다.
할아버지께서는 선물을 받으셨습니다.

연습 1(練習 1)

下の例にならって次の文を敬語を使って書き直しましょう。

> 보기　언니가 책을 읽습니다. (어머니)
> → 어머니께서 책을 읽으십니다.

1) 형이 식당에 갔습니다. (어머니)
　→ _____

2) 동생이 방에 있습니다. (할머니)
　→ _____

3) 마이클 씨는 무엇을 합니까? (사장님)
　→ _____

4) 수미는 사과를 먹습니다. (아버지)
　→ _____

연습 2 (練習 2)

次の文章を読んで敬語を使うべきところ、そうではないところに丸をつけましょう。そして、次の文章を敬語を使って書き直しましょう。

> 보기
> 우리 가족은 할아버지, 할머니, 아버지, 어머니, 오빠, 그리고 저, 모두 여섯 명입니다. 할아버지와 할머니는 무척 건강합니다. 지금 할아버지와 할머니께서는 텔레비전을 봅니다. 아버지와 어머니는 커피를 마십니다. 오빠는 학교에 가셨습니다. 저는 지금 공부를 하십니다.

家族 가족

>>> 과제 課題

1 과제 1 (課題 1)

쓰기 전(書く前に) 下にあるのは김진수の家族のメンバーについての情報です。メンバーは誰か、彼らの職業は何かについてクラスメートと話し合いましょう。

名前	関係	職業
김영석	아버지	회사원
이민영	어머니	주부
김진수	나	대학생

쓰기(書いてみよう) あなたは韓国の会社に雇われ、次の用紙を埋めなければなりません。上の表のようにこの用紙に書き込みましょう。

名前	関係	職業

쓰고 나서(書いた後に) 完成した表を使いながら、自分の家族のメンバーをクラスメートに紹介しましょう。

2 과제 2(課題 2)

쓰기 전(書く前に) 下の写真をあなたと家族の写真だと仮定して、どうやって彼らを人に紹介すればいいかクラスメートに伝えましょう。

쓰기(書いてみよう) 上の写真をあなたと家族の写真だと仮定し、あなたを含めた家族のメンバーを紹介する文章を書きましょう。

_____
_____
_____
_____

쓰고 나서(書いた後に) クラス全員に自分の書いたものを読んでみましょう。

3 과제 3 (課題 3)

쓰기 전(書く前に) 下にあるのはあなたの韓国人のペンパルが書いた手紙です。韓国人の友人がどうやって家族を紹介するかよく読みましょう。

우리 가족은 할아버지, 할머니, 아버지, 어머니, 형, 누나, 나, 모두 일곱 명입니다. 우리 할아버지께서는 여행을 무척 좋아하십니다. 그래서 할머니와 같이 여행을 많이 다니십니다. 아버지는 회사에 다니십니다. 어머니도 회사에 다니셨습니다. 그렇지만 지금은 집에 계십니다. 형과 누나는 서울에서 대학교에 다닙니다. 나는 우리 가족 모두를 사랑합니다.

⋮

답장해 주세요. 가족 소개도 꼭 해 주세요.

그럼, 안녕히 계세요.

2008년 10월 3일

영수가

쓰기(書いてみよう) 彼にあなたの家族を紹介する手紙を書きましょう。

쓰고 나서(書いた後に) あなたのクラスメートの1人にあなたの家族の写真を見せ、あなたの家族のメンバーを紹介しましょう。

家族 가족

새 단어 新単語

선물 贈り物	사장님 社長	언제 いつ
제 わたくしの(謙讓語)	건강하다 健康だ	주부 主婦
사랑하다 愛する	답장하다 返事をする	꼭 しっかりと、必ず

>>> 자기 평가 自己評価

このレッスンを理解できましたか? 自分の韓国語を分析して、必要があればもっと勉強しましょう。

評価事項	自分の採点
1. 家族を表す用語を使える	苦手　まあまあ　得意
2. 敬語表現を使える	苦手　まあまあ　得意
3. 自分の家族について話せる	苦手　まあまあ　得意

>>> 문화(文化):韓国人の家族

かつては、最年長の息子に率いられる拡大家族が伝統的な韓国の家族の単位でした。現在では大家族よりも核家族の方が一般的です。最年長の息子たちも自分たちだけで暮らすことができます。別々に暮らしていても、韓国人は自分の親や曾祖父や年上の人びとをまだまだ敬っています。彼らは常日頃から自分の両親の家に頻繁に訪れ、彼らと有意義な時間を過ごします。もし親の世代が健康やその他の問題で自分たちだけで暮らしていけない場合は、彼らのほとんどは自分の子供たちと一緒に暮らします。
韓国では、成人が結婚するまで両親と一緒に暮らすのはごく普通です。彼らの仕事場や学校が両親の家から極端に離れていない限りは、成人が結婚をして自分の家庭を持つまでは、普通自分の両親と暮らします。

157

レッスン 10 感謝と謝罪
감사와 사과

●●● 目標

適切な表現を使って感謝を表現したり、謝罪をできるようにする

- 課題：感謝状を書く。謝罪文を書く。誕生日カードを書く
- ボキャブラリー：出会いと別れに関する表現。その他の表現
- 文法：-아/어/여서, -겠습니다
- 文化：韓国人の感情表現1

>>> 들어가기 導入

- 上はどんな場面でしょう？このような場面で、彼らが互いに何を言うか考えましょう。
- 感謝や謝罪をしたいときに、あなたは韓国語で何と言いますか？

>>> 예시 글 例文

안녕하세요, 진수 씨.
제 결혼식에 오셔서 정말 고맙습니다.
그리고 선물과 카드도 감사합니다.
그때는 정신이 없어서 감사의 인사도 못 했습니다.
덕분에 신혼여행 잘 다녀왔습니다.
앞으로 행복하게 잘 살겠습니다.
그럼 안녕히 계세요.

새 단어 新単語

감사 感謝	사과 謝罪
결혼식 結婚式	−어서 〜ので
정말 고맙습니다 どうもありがとうございます	카드 カード
감사합니다 ありがとう	그때 そのとき
정신이 없다 とても忙しい、気を取られている	인사 挨拶
못 動詞の前につき、不可能を表す	덕분에 〜のおかげで
신혼여행 新婚旅行、ハネムーン	잘 よく
다녀오다 行って来る、帰る	앞으로 将来、今後
행복하게 幸福に、幸せに	−겠− 意図を示す挿入辞

>>> 어휘 및 표현 ボキャブラリーと表現

様ざまな場面で使われる挨拶の表現を覚えましょう。

1 만나고 헤어질 때의 인사말(出会いと別れに関する表現)

(とどまっている人が、去って行く人に対して)
안녕히 가세요. | 안녕히 가십시오. さようなら／さようなら

(去って行く人が、とどまっている人に対して)
안녕히 계세요. | 안녕히 계십시오. さようなら／さようなら

만나서 반갑습니다. お会いできて嬉しかったです。

오래간만입니다. お久しぶりです。

연습 (練習)

あなたは次の場面で何と言いますか?

1) 誰かに会って嬉しいと言いたいとき。

2) あなたの家を出ようとしている客にお別れを言いたいとき。

3) ひさしぶりに会う人に挨拶をしたいとき。

4) あなたが誰かの家を出るときに「さようなら」と言いたいとき。

感謝と謝罪 **감사와 사과**

2 기타 표현(その他の表現)

고맙습니다. ありがとう。　　　**감사합니다.**※ ありがとう。
미안합니다. ごめんなさい。　　**죄송합니다.** ごめんなさい。
실례합니다. 失礼します。　　　**괜찮습니다.** だいじょうぶです。
축하합니다. おめでとうございます。

◯ 감사합니다는、죄송합니다や고맙습니다、미안합니다より丁寧で正式に響きます。

연습 (練習)

上の表から適切な表現を選び、下の空欄を埋めましょう。

1) 늦었습니다. _____.

2) _____. 한국 극장이 어디에 있습니까?

3) 가 : 주영 씨, 생일을 _____.

　 나 : _____.

4) 가 : 내일 파티에 옵니까?

　 나 : _____. 내일은 약속이 있습니다.

>>> 문법 文法

1 -아/어/여서

1) －아/어/여서は動詞語幹につき、因果関係を示します。

비가 옵니다. 그래서 산에 안 갑니다.
비가 와서 산에 안 갑니다.(◯)

161

2) －아서, －어서, －여서は動詞か形容詞の語幹によって分類されます。－아서を除き、その語幹が ㅏ, ㅗ で終わるときは하다を使います。そうでない場合は－어서を使います。하다についた動詞や形容詞には、－여서が用いられます。하여서は実際に使用される場合にはよく해서と略します。

비가 와서 우산을 삽니다.
옷을 많이 입어서 안 춥습니다.
피곤해서 일찍 잘 것입니다.

3) 過去形を表現するときにも－어서を使います。

책을 오래 읽었습니다. 그래서 눈이 아픕니다.
책을 오래 읽어서 눈이 아픕니다.(○)

4) －어서を命令文、または何かを提案する文章で使うことはありません。これらの場合には－으니까を使います。

시간이 없어서 택시를 탑시다.（×）
시간이 없으니까 택시를 탑시다.(○)

만나서 반갑습니다. お会いできて嬉しいです。
늦게 와서 미안합니다.
도와줘서 고맙습니다.
어제 책을 빌려 줘서 감사했습니다.
약속을 잊어버려서 죄송합니다.
어제 전화를 못 해서 미안했습니다.

感謝と謝罪 감사와 사과

연습 1(練習 1)

下の例にならって、括弧内の動詞を因果関係を示す形に変え、空欄を埋めましょう。

> 보기   내일 **못 가서** 미안합니다.(가다)

1) 늦게 _____ 미안합니다.(오다)
2) _____ 반갑습니다.(만나다)
3) 약속을 _____ 죄송합니다.(잊어버리다)
4) _____ 고맙습니다.(도와주시다)
5) _____ 감사합니다.(가르쳐 주시다)
6) 전화를 안 _____ 미안합니다.(하다)

연습 2(練習 2)

次の場合の適切な表現は何ですか?

> 보기   약속 시간에 늦었습니다. → **늦어서 미안합니다**.

1) 일을 많이 도와주었습니다.

   → _____

2) 약속을 잊어버렸습니다.

   → _____

3) 내일 생일 파티에 못 갑니다.

   → _____

2 -겠습니다

1) －겠습니다は動詞語幹につき、一人称主語の意志を示します。この場合は－겠－が話者の意志を表します。－을 것입니다は主語にかかわらず未来の予定や運命を表しますが、－겠습니다は一人称の主語を表します。

제가 가겠습니다. (○)
마이클 씨가 하겠습니다.(×)

2) 二人称主語の質問では、－겠습니까を相手の意志を尋ねるために使われます。

가 : 마이클 씨, 세 시까지 오겠습니까?
나 : 네, 오겠습니다.

제가 책을 읽겠습니다.
   私がこの本を読むつもりです(読むでしょう)。

내일 우리를 도와주겠습니까?
저희가 선물을 사겠습니다.
미안합니다. 내일은 일찍 오겠습니다.

感謝と謝罪 **감사와 사과**

연습 (練習)

次の場合には何を言いますか？ －겠습니다のパターンを使ってあなたの言葉を書きましょう。

1) いつも仕事の打ち合わせに遅刻するあなたを上司が怒っているとき。

2) あなたが大学を卒業するときに、自分の教授に感謝状を書きたいとき。

3) あなたの友達は明日新しい家に引っ越します。その友達があなたに手伝ってくれるように頼み、あなたは置き手紙を残していくとき。

4) 仕事を見つけた後で、あなたが両親に手紙を書くとき。

>>> 과제 課題

1 과제 1 (課題 1)

쓰기 전(書く前に) 私たちは日常生活でたくさんのいろいろな人びとから助けられます。あなたを一番助けてくれたのは誰ですか？ それがいつ誰によってであったか、何を助けてもらったかについてクラスメートと話し合いましょう。

쓰기(書いてみよう) あなたが感謝を言いたい人に感謝状を書きましょう。

_____
_____
_____
_____
_____
_____
_____

쓰고 나서(書いた後に) あなたのクラスメートが感謝状をどう書いたかを見てみましょう。

2 과제 2 (課題 2)

쓰기 전(書く前に) あなたは友達と会う予定でしたが、何かの理由で会えないことになりました。あなたが友達に何と言うかについて友達と話し合いましょう。

感謝と謝罪 감사와 사과

쓰기(書いてみよう) あなたは友達に今日は会うことはできないと伝えに行きましたが、残念なことにその友達はいませんでした。友達の机に残すための、謝罪の手紙を書きましょう。

쓰고 나서(書いた後に) あなたのクラスメートがどんな手紙を書いたかを見てみましょう。

3 과제 3 (課題 3)

쓰기 전(書く前に) 下の絵を見てみましょう。これは何でしょうか？そして内側には何が書いてあると思いますか？クラスメートと話し合いましょう。

쓰기(書いてみよう) 今日はあなたの親友の誕生日です。あなたはその親友に何と言いますか？ 友達に誕生日カードを書きましょう。

쓰고 나서(書いた後に) クラスメートの書いたものを交換し、一番よいものを選びましょう。

> ### 새 단어 新単語
>
> | | |
> |---|---|
> | 사진 写真 | 저희 私たちは(謙譲表現) |
> | 아프다 病気になる、痛い | 피곤하다 疲れる |
> | 일찍 早く | 늦게 遅く |
> | 오래 長い間 | 좀 少し |
> | 도와주시다 助けて下さる | 가르쳐 주시다 教えて下さる |
> | 보여 주시다 見せて下さる | -(으)십시오 ～して下さい |
> | 빌려 주다 貸して下さる | 잊어버리다 忘れる |
> | 보내 주다 送って下さる | |

>>> **문화（文化）：韓国人の感情表現 1**

外国人は、韓国人はあんまり感情を表現しないと思うかも知れません。ありがとうやごめんなさいを言うときにもそう感じるかもしれません。そのため、外国人はそれを誤解して、それが人種間の不理解を起こすことがしばしばあります。多くの韓国人は、自分の感情を表すことに慣れていません。そのよい例は、誰かにプレゼントをあげるときの「つまらないものですが」や「高いものではありませんが」という韓国の言い回しでしょう。多くの韓国人は、このようなときにそれらを言うことを礼儀正しいことだと思っているのです。しかし、私たちの社会がますます多文化的になるに従って、これは徐々に変わりつつあります。

>>> **자기 평가** 自己評価

このレッスンを理解できましたか？ 自分の韓国語を分析して、必要があればもっと勉強しましょう。

評価事項	自分の採点
1. 様ざまな状況で違う表現を使える	苦手　まあまあ　得意
2. 自分の行動の理由を述べる	苦手　まあまあ　得意
3. －겠습니다?を用いて自分がやると決めたことについて書ける	苦手　まあまあ　得意
4. 感謝や謝罪の文章を書ける	苦手　まあまあ　得意

レッスン 11 | 趣味
취미

●●● 目標

適切な表現と頻度を表す適切な副詞を用いて自分の趣味を描写する

- **課題**：あなたが一番好きな(嫌いな)活動を説明する。どれくらいの頻度でそれをするか説明する。自分の趣味を紹介する
- **ボキャブラリー**：趣味、頻度を示す副詞、期間を示す表現
- **文法**：–는 것, –(으)러 가다, –에
- **文化**：韓国人の趣味

>>> **들어가기** 導入

- 上の絵に描かれている人びとは何をしていますか？
- あなたは休日や暇なときには普段どんなことをしますか？ どれくらいの頻度でそれらの活動をしますか？

趣味 **취미**

>>> **예시 글** 例文

　저는 취미가 많습니다. 저는 운동을 하는 것도 좋아하고, 기타를 치는 것도 좋아합니다. 그리고 우표를 모으는 취미도 가지고 있습니다.

　이 중에서 저는 운동하는 것을 제일 좋아합니다. 저는 매일 아침 수영하러 수영장에 갑니다. 그리고 일주일에 한 번쯤 테니스를 칩니다. 내일도 친구와 테니스를 칠 것입니다.

새 단어 新単語

취미 趣味	-는 것 ～すること
좋아하다 好む	기타를 치다 ギターをひく
우표 切手	모으다 集める
중에서 間に、中に	제일 第一、最も
매일 毎日	-러 가다 ～に行く
-에 ～につき、～ごとに	(두) 번 (2)回

>>> **어휘 및 표현** ボキャブラリーと表現

趣味や余暇活動を表すボキャブラリーを学びましょう。

1 취미 · 여가 활동(趣味・余暇活動)

운동을 하다. 運動をする。
영화를 보다. 映画を見る。
음악을 듣다. 音楽を聴く。
책을 읽다. 本を読む。
등산을 하다. 登山をする。
요리를 하다. 料理する。
사진을 찍다. 写真を撮る。
춤을 추다. 舞を舞う。
우표를 모으다. 切手を集める。
컴퓨터 게임을 하다. コンピューターゲームをする。
골프를 치다. ゴルフをする。
자전거를 타다. 自転車に乗る。
축구를 하다. サッカーをする。
수영을 하다. 水泳をする。
테니스를 치다. テニスをする。
그림을 그리다. 絵を描く。
피아노를 치다. ピアノを弾く。
기타를 치다. ギターを弾く。

趣味 **취미**

✏️ **연습 (練習)**

例にならって、絵に描かれた活動を描写しましょう。

보기

등산을 합니다.

1)

2)

3)

4)

5)

6)

2 빈도 표현(頻度の表現)

항상/언제나 いつも　　자주 しばしば
가끔 たまに　　　　　매일/날마다 毎日
별로 안* ほとんど　　거의 안* めったに
전혀 안* 絶対に

○ 별로와 전혀는、안, 못, 없다, 모르다のようにいつも否定の表現と一緒に用いられます。거의는肯定文と否定文の両方で使われます。

연습 1(練習 1)

頻繁な順に次の表現を並べましょう。

> 보기　가끔, 언제나, 별로 안, 자주, 전혀 안, 거의 안

□ → □ → □ →

□ → □

연습 2(練習 2)

括弧内の言葉を使って、下の例にならって答えましょう。

> 보기　가: 자주 등산을 합니까?(가끔)
> 　　　나: 아니요. 가끔 등산을 합니다.

1) 가: 자주 여행을 합니까? (자주)
　 나: _____

2) 가 : 운동을 합니까? (매일)

　　나 : _____

3) 가 : 영화를 봅니까? (별로)

　　나 : _____

4) 가 : 축구를 가끔 합니까? (거의)

　　나 : _____

5) 가 : 컴퓨터 게임을 합니까? (전혀)

　　나 : _____

6) 가 : 사진을 찍습니까? (자주)

　　나 : _____

3 기간 표현(期間の表現)

(일) 년 (1)年　　　　(한) 달 (1か)月
(일) 일 (1)日　　　　(일) 주일 (1)週間
(한) 시간 (1)時間　　(일) 분 (1)分
며칠 数日　　　　　　하루* 1日
이틀 2日

▶ 日数を数えるときは、1日を하루と言い、2日は이틀、そして3日、4日、5日以上は3일, 4일, 5일と言います。

175

연습 (練習)

括弧内の数字を使い、下の例にならって答えましょう。

> 보기　가 : 몇 달 동안 한국에 있었습니까? (1)
> 　　　나 : **한 달 동안** 한국에 있었습니다.

1) 가 : 마이클 씨는 몇 년 동안 한국어를 공부했습니까? (3)

　　나 : _____ 한국어를 공부했습니다.

2) 가 : 몇 주일 동안 휴가입니까? (2)

　　나 : _____ 방학입니다.

3) 가 : 며칠 동안 여행을 갔다왔습니까? (4)

　　나 : _____ 여행을 갔다왔습니다.

4) 가 : 수영을 몇 달 배웠습니까? (5)

　　나 : _____ 수영을 배웠습니다.

5) 가 : 몇 시간 걸었습니까? (1)

　　나 : _____ 걸었습니다.

6) 가 : 몇 분 기다렸습니까? (45)

　　나 : _____ 기다렸습니다.

>>> 문법 文法

1 -는 것

-는 것は動詞語幹につき、動詞を名詞句に変化させます。

자다 → 자는 것
읽다 → 읽는 것
만들다 → 만드는* 것

● 만들다のように語幹がㄹで終わる動詞に関してはㄹがなくなり、-는 것がつきます。

動詞そのものでは主語や目的語にはなれませんが、-는 것の形ではなれます。

나는 책을 좋아합니다.
나는 (책을 읽다) 좋아합니다.
→ 나는 책을 읽는 것을 좋아합니다.

나는 그림을 그리는 것을 좋아합니다.
 私は絵を描くのが好きです。
영민 씨는 운동하는 것을 싫어합니다.
저는 수미 씨가 춤을 추는 것을 보았습니다.
제 취미는 영화를 보는 것입니다.

연습 1 (練習 1)

下の例にならって絵に描かれた活動を描写しましょう。

보기: 저는 영화를 보는 것을 좋아합니다.

1)

2)

3)

4) _____

✏️ 연습 2 (練習 2)

下の例にならい、与えられたヒントを使って文を作りましょう。

> 보기　산책을 하다 → **제 취미는 산책을 하는 것입니다.**

1) 사진을 찍다　→ _____
2) 여행을 하다　→ _____
3) 우표를 모으다　→ _____
4) 음악을 듣다　→ _____

2 -(으)러 가다

-으러 가다は動詞語幹につき、行動の目的を表します。가다や오다や다니다のような動きを表す動詞だけが-으러の後につきます。もし動詞語幹が母音かㄹで終わるときには-러 가다を使い、ㄹ以外の子音で終わるときには-으러 가다を使います。

한국어를 배우러 한국에 왔습니다.
　韓国語を学びに韓国に来ました。

오후에 시내에 놀러 갈 것입니다.
돈을 찾으러 은행에 갑니다.
수영을 배우러 수영장에 다닙니다.

연습 (練習)

彼らは次の場所で何をしているのでしょうか？ 絵を見て、下の例にならって文章を書きましょう。

보기

친구를 만나러 커피숍에 갑니다.

1)

2)

3)

4)

3 -에

−에は数や量につき、「〜に」、「〜で」を表します。

일주일에 한 번 수영을 합니다. 週に1度水泳をします。
한 달에 네 번 산에 갑니다.
일 년에 두 번쯤 여행을 합니다.
하루에 세 번 이를 닦습니다.

연습 (練習)

自分自身について次の質問に答えましょう。

1) 하루에 커피를 몇 잔 마십니까?

2) 일 년에 책을 몇 권 읽습니까?

3) 여행을 자주 합니까?

4) 운동을 자주 합니까?

>>> 과제 課題

1 과제 1 (課題 1)

쓰기 전(書く前に) クラスメートの一番好きな活動と一番嫌いな活動が何か調べましょう。

名前 / 趣味	好きな活動	嫌いな活動
김수미	음악을 듣는 것	운동을 하는 것

쓰기 (書いてみよう) 上の情報を使い、クラスメートの一番好きな、そして嫌いな活動についての文章を書きましょう。

> 보기
> 김수미 씨는 음악을 듣는 것을 좋아합니다.
> 그렇지만 운동을 하는 것을 싫어합니다.

쓰고 나서 (書いた後に) 順番にクラスメートの一番好きな、そして嫌いな活動を発表しましょう。そしてあなたに関するクラスメートの発表を聞き、それが正しいかどうかチェックしましょう。

2 과제 2(課題 2)

쓰기 전 (書く前に) あなたのクラスメートはどれくらいの頻度で次の活動をしますか？ クラスメートと話し合い、表を埋め、最後の段はあなたの趣味を書きましょう。

名前＼趣味	映画	運動	コンピューターゲーム
김수미	1달에 4번	x	자주

쓰기 (書いてみよう) 上のメモに基づき、下の例にならい、あなたのクラスメートがどれくらいの頻度でどんな活動をするかについての文章を書きましょう。

> 보기   김수미 씨는 영화를 자주 봅니다. 한 달에 네 번 영화를 봅니다. 그리고 컴퓨터 게임을 하는 것도 좋아합니다. 그래서 자주 컴퓨터 게임을 합니다. 그렇지만 운동하는 것을 싫어합니다. 그래서 운동을 전혀 안 합니다.

쓰고 나서 (書いた後に) 自分の作文をクラスメートに発表しましょう。そしてクラスメートのあなたに関する発表が正しいかどうかチェックしましょう。

3 과제 3 (課題 3)

쓰기 전 (書く前に) あなたの趣味は何ですか? いつ、そして、どれくらいの頻度でそれをしますか? 誰とそれをしますか? 自分の趣味や余暇の活動を説明するときに含まれることのメモを書きましょう。

취미가 무엇입니까?	
얼마나 자주 합니까?	
누구와 같이 합니까?	
어디에서 합니까?	
무엇이 좋습니까?	

쓰기 (書いてみよう) 上の情報を使い、あなたの趣味と余暇の活動を描写する文章を書きましょう。

_____

_____

쓰고 나서 (書いた後に) クラスメートにあなたの趣味について話しましょう。

새 단어 新単語

동안 ～の間	갔다 오다 行って来る	배우다 学ぶ
걷다 歩く	기다리다 待つ	만들다 作る
싫어하다 嫌う、好まない	시내 市内	돈을 찾다 金を引き出す
이를 닦다 歯をみがく		

趣味 취미

>>> **자기 평가** 自己評価

このレッスンの内容を理解できましたか？ 自分の韓国語を採点して、必要に応じて勉強し直しましょう。

評価事項	自分の採点
1. 趣味や余暇の活動に関するボキャブラリーや表現を知っている	苦手　まあまあ　得意
2. 頻度を描写できる	苦手　まあまあ　得意
3. -는 것, -으러 가다?を使って自分の趣味を描写できる	苦手　まあまあ　得意
4. 自分の趣味を書いて説明できる	苦手　まあまあ　得意

>>> **문화 (文化)：韓国人の趣味について**

週休二日制が導入されるなど就労環境が変わったこと、またQOL(生活の質)の向上を求めようという願いから、韓国人が持つ趣味は近年多様化してきました。韓国人に最も親しまれている活動は「山登り」(9.0%)です。それに「読書」(8.3%)、「音楽鑑賞」(7.8%)、「コンピューターゲーム」(5.4%)、「運動、トレーニング」(5.2%)、「インターネット、コンピューター」(4.5%)、「魚釣り」(4.1%)が続きます。個別には、「山登り」は40代の男性からの投票が最も多く、「読書」は3、40代の女性、「音楽鑑賞」は20代の女性、「コンピューターゲーム」は10代から20代の男性、そして「インターネット、コンピューター」は10代の少女、「魚釣り」は30代の男性に、それぞれ親しまれています。年齢、性別により趣味の違いと多様性があるということです。

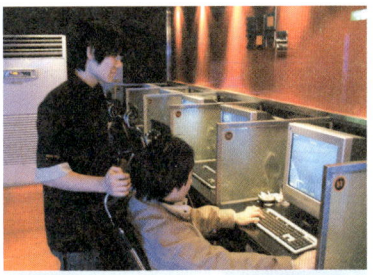

レッスン 12　場所の紹介
장소 소개

●●● 目標

適切な表現を使っていろいろな場所を描写したり、それらの場所を勧められるようにする

- 課題：あなたの部屋を他の人たちの部屋と比べる。あなたがよく行く場所を描写する。いろいろな場所を紹介する
- ボキャブラリー：形や状態に関する表現
- 文法：−에 가서, −(으)십시오, −지 마십시오
- 文化：南大門市場、東大門市場

>>> 들어가기　導入

- この絵はどこを描いたものですか? この場所に行ったことはありますか?
- 日本で一番有名な市場の名前は何ですか? クラスメートにその市場について話しましょう。

> **예시 글** 例文

여기는 남대문 시장입니다.
남대문 시장은 매우 크고 넓습니다.
물건이 아주 싸고 좋습니다.
그래서 항상 사람들이 많고 복잡합니다.
저도 자주 남대문 시장에 가서 옷을 삽니다.
남대문 시장은 무척 재미있습니다.
여러분도 구경하러 한번 오십시오.

>>> 문화（文化）：南大門市場、東大門市場

ソウルの中央に位置する南大門市場は、韓国で最も歴史があり、最大の規模を持つ卸売市場です。この市場は1414年に開かれました。韓国でも最も人気のある観光スポットで、史跡でもあります。南大門市場には、1,300以上の店と屋台があり、多岐にわたる高品質の品々をとても安く買うことができます。

東大門はの正式名称は「興仁之門（フンインジムン）」と言います。ソウルで最も有名な歴史的建造物です。その側にある東大門市場は韓国で最大の繊維卸売市場です。そのアーケードには男性用、女性用、そして子供服などの専門卸売店が並び、90年代前半からDoosan TowerやMiglioreやTeam204といった最新のビルが次々に建てられ、観光客必見の場所となりました。

새 단어 新単語

장소 場所	남대문 시장 南大門市場
매우 とても	넓다 広い
복잡하다 混雑する	−에 가서 〜に行って
여러분 皆さん	한번 1度
구경하다 見物する	−십시오 〜して下さい

>>> 어휘 및 표현 ボキャブラリーと表現

形や状態を表すためのボキャブラリーと表現を覚えましょう

1 모양 표현(形の表現)

크다* 大きい　작다 小さい　높다 高い　낮다 低い
넓다 広い　좁다 狭い　길다* 長い　짧다 短い

- −었습니다につくときは크다는컸습니다になり、ㄹはなくなります。
- −ㅂ니다につくときは길다는−깁니다になり、ㄹはなくなります。

연습 (練習)

下の例にならって空欄を埋めましょう

보기

사과가 큽니다.　　사과가 작습니다.

場所の紹介 **장소 소개**

1)

2)

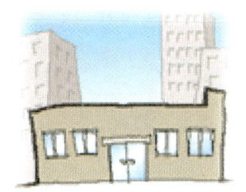

3)

2 상태 표현(状態の表現)

많다 多い　　　　적다 少ない　　　　깨끗하다 清潔だ
더럽다* 不潔だ　　시끄럽다* 騒がしい　조용하다 静かだ
복잡하다 混雑する

> 例外として더럽다と시끄럽다は、過去形のときは더러웠습니다と시끄러웠습니다に変わります。

연습 (練習)

例にならって下の絵が何を描いたものか説明しましょう。

보기

방이 <u>시끄럽습니다</u>.

1)

옷이 _____

2)

사과가 _____

3)

방이 _____

4)

길이 _____

場所の紹介 장소 소개

>>> 문법 文法

1 -에 가서

-에 가서는 場所を表す名詞につき、(どこかに)行くことと、その場所を示しますが、主語は同じです。

시장에 갔습니다. 그리고 거기에서 옷을 샀습니다.
→ 시장에 가서 옷을 샀습니다.
나는 어제 시장에 갔습니다. 그리고 백화점에도 갔습니다.
→ 나는 어제 시장에 가고 백화점에도 갔습니다.

수영장에 가서 수영을 배웁니다.
　プールに行って水泳を学びます。
학교에 가서 영진 씨를 만났습니다.
시장에 가서 과일을 살 것입니다.

연습 (練習)

例にならって-고を使って次の文をつなぎましょう。

> 보기　나는 식당에 갔습니다. 그리고 식당에서 밥을 먹었습니다.
> → **나는 식당에 가서 밥을 먹었습니다.**
> 나는 식당에 갔습니다. 그리고 우체국에 갔습니다.
> → **나는 식당에 가고 우체국에 갔습니다.**

1) 나는 어제 백화점에 갔습니다. 그리고 백화점에서 옷을 샀습니다.

   → _____

   _____

2) 내일 극장에 갈 것입니다. 그리고 서점에 갈 것입니다.

   → _____

   _____

3) 진수 씨는 한국에 갈 것입니다. 한국에서 한국어를 공부할 것입니다.

   → _____

   _____

4) 저는 매일 테니스장에 갑니다. 테니스장에서 테니스를 칩니다.

   → _____

   _____

2 -(으)십시오

-으십시오は動詞語幹につき、フォーマルな場での丁寧な命令文を表します。その語幹がㄹで終わるときには、-십시오がつきますが、そのときには-ㄹがなくなります。動詞語幹がㄹ以外の子音で終わるときには-으십시오を使い、母音で終わるときには-십시오を使います。

저 가방을 주십시오. あのカバンを(取って)下さい。

場所の紹介 장소 소개

커피를 드십시오.

불고기를 만드십시오.

여기에 앉으십시오.

이 책을 읽으십시오.

연습 (練習)

例にならって作文しましょう。

> 보기   학교에 가다 → **학교에 가십시오**.

1) 전화를 받다 → _____
2) 커피를 마시다 → _____
3) 수미 씨에게 이야기하다 → _____
4) 서울에서 살다 → _____

3 -지 마십시오

-지 마십시오는 動詞語幹につき、禁止を表しますが、아프다는 아프지 마십시오にも変わることがあります。

들어오지 마십시오. 入らないで下さい。

여기에 앉지 마십시오.

건물 안에서 담배를 피우지 마십시오.

너무 늦게 전화하지 마십시오.

연습 1(練習 1)

例にならって次の文を完成させましょう。

보기

술 마시고 운전하지 마십시오.

1) 여기에 _____

2) 사진을 _____

3) 여기에서 담배를 _____

4) 극장 안에서 음식을 _____

場所の紹介 장소 소개

🖉 연습 2 (練習 2)

-(으)십시오か-지 마십시오を使って、次の文章を完成させましょう。

1) 이 가게의 옷은 비쌉니다. 여기에서 옷을 _____

2) 이 영화가 재미있습니다. 이 영화를 _____

3) 오전에 집에 있을 것입니다. 우리 집으로 _____

>>> 과제 課題

1 과제 1 (課題 1)

쓰기 전 (書く前に) これは수미とマイケルの部屋です。それぞれの部屋に何があるか、またそれぞれがどのような部屋であるか話し合いましょう。

[수미 씨의 방] 　　　　　　　　　[마이클 씨의 방]

쓰기 (書いてみよう) 例にならって下記の物について書き、この2つの部屋を比べましょう。

> **보기**　　방, 창문, 텔레비전, 책상, 책

　　[수미 씨의 방]　　　　　　　　　[마이클 씨의 방]

방이 넓고 깨끗합니다.

195

쓰고 나서 (書いた後に) 隣のクラスメートと自分の作文を比べましょう。

2 과제 2 (課題 2)

쓰기 전 (書く前に) あなたは喫茶店やレストランによく行きますか？どの店が好きですか？クラスメートに説明しましょう。

쓰기 (書いてみよう) その店を描写する文章を書きましょう。

_____

_____

_____

_____

_____

쓰고 나서 (書いた後に) あなたの好きな喫茶店やレストランについてクラスメートに話しましょう。

3 과제 3 (課題 3)

쓰기 전 (書く前に) 韓国人の友達が日本に旅行する計画を立てています。あなたはその人にどこに観光に行くことを勧めますか？その場所をどうやって描写するか考えてみましょう。

	場所	特徴
買い物に向いた場所		
食事に向いた場所		

쓰기（書いてみよう）友達に観光に行くように勧める場所を選び、その場所を説明する文章を書きましょう。

_____

_____

_____

쓰고 나서（書いた後に）自分の作文をクラスメートに読み上げましょう。

새 단어 新単語

건물 建物	머리 頭、髪	길 道、道路	테니스장 テニスコート
불고기 プルゴギ	이야기 하다 話す	들어오다 入って来る	음식 食べ物
담배를 피우다 タバコを吸う		안 内	

>>> 자기 평가 自己評価

このレッスンを理解できましたか？自分の韓国語を採点し、必要に応じて勉強し直しましょう

評価事項	自分の採点
1. 場所を説明する表現とボキャブラリーを使える	苦手　まあまあ　得意
2. 場所を説明できる	苦手　まあまあ　得意
3. 韓国にある場所を説明し、勧めることができる	苦手　まあまあ　得意

レッスン 健康

13 건강

●●● 目標

体の部位や病気の症状を表す適切なボキャブラリーと表現を使い、自分の健康について話すことができるようにする

- 課題：風邪の症状と治療法について書く。健康に関する話題で提案をする。自分の健康状態について書く
- ボキャブラリー：身体や症状に関連したボキャブラリー、病気に関する表現
- 文法：–아/어/여야 하다, –지 않다
- 文化：韓国の病院と薬局

>>> 들어가기 導入

- この場所はどこですか? この人たちは何をしていますか?
- あなたが病院に行くのはどんなときですか? あなたは病院で、医者に何と言いますか?

健康 건강

>>> 예시 글 例文

저는 감기에 걸렸습니다.
열이 나고 머리가 아픕니다.
목도 조금 아픕니다.
그렇지만 기침은 하지 않습니다.
그래서 저는 오늘 병원에 갔습니다.
오늘은 약을 먹고 푹 쉬어야 합니다.

새 단어 新単語

건강 健康	감기에 걸리다 風邪をひく	열이 나다 熱が出る
-고 ～して	목 首、喉	기침을 하다 咳をする
-지 않다 ～ない	약 薬	푹 ぐっすり
-어야 하다 ～なければならない		

>>> 어휘 및 표현 ボキャブラリーと表現

体の部位と、病気の症状を表す表現を覚えましょう。

1 신체어(身体語)

몸 体	눈 目	코 鼻	입 口
귀 耳	얼굴 顔	머리 頭、髪	허리 腰
다리 足、脚	등 背中	팔 腕	배 腹
손 手	발 足	목 首、喉	

🖊 연습 (練習)

前ページの単語を使って空欄を埋めましょう。

1) ____
2) ____
3) ____
4) ____
5) ____
6) ____
7) ____

2 증세(症状)

(배, 머리, 목……)이/가 아프다 気分が悪い、痛む、(喉などが)腫れる

열이 나다 熱が出る

기침을 하다 咳をする

콧물이 나다 鼻水が出る

감기에 걸리다* 風邪をひく

○ 「風邪をひきました」は、감기에 걸렸습니다です。

健康 건강

연습 (練習)

前ページの表現を使って空欄を埋めましょう。

보기

배가 아픕니다.

1)

2)

3)

4)

201

3 병 관련 표현(病気に関する表現)

병원 病院
약국 薬局
의사 医師、医者
간호사 看護師
약사 薬剤師
약 薬
약을 먹다 薬を飲む
푹 쉬다 ぐっすり休む
주사를 맞다 注射を打つ
건강하다 健康だ
병이 낫다(나았습니다*) 病気が治る(治ります)

○ 낫다가 모음에 붙을 때, 끝의 자음의 ㅅ은 없어집니다.

연습 (練習)

次の日本語に対応する韓国語と結びましょう。

1) 薬局　　　　　　・　　　　　・ ㉮ 의사
2) 健康だ　　　　　・　　　　　・ ㉯ 병원
3) 薬を飲む　　　　・　　　　　・ ㉰ 약을 먹다
4) 薬剤師　　　　　・　　　　　・ ㉱ 병이 낫다
5) 病院　　　　　　・　　　　　・ ㉲ 약국
6) 治る　　　　　　・　　　　　・ ㉳ 약사
　　　　　　　　　　　　　　　　・ ㉴ 건강하다

健康 건강

>>> 문법 文法

1 -아/어/여야 하다

この語尾は動詞語幹につき、義務を表します。会話では、되다よりも하다がよく使われます。

動詞語幹がトではなく⊥で終わるときには、-아야 하다を使い、その他の場合は-어야 하다を使います。動詞語幹が하다で終わるときには-여야 하다がつきますが、その場合は해야 하다と省略されます。

병원에 가야 합니다. 病院に行かねばなりません。

주사를 맞아야 합니다.

약을 먹어야 합니까?

오늘은 이 옷을 입어야 합니다.

지금 청소를 해야 합니다.

내일까지 숙제를 해야 합니다.

연습 (練習)

次の場面ではどうしたらよいでしょうか? 例にならって空欄を埋めましょう。

> 보기 감기에 걸렸습니다. <u>약을 먹고 푹 쉬어야 합니다.</u>

1) 피곤합니다. _____

2) 배가 아픕니다. _____

3) 숙제가 많습니다. _____

4) 돈이 없습니다. _____

2 -지 않다

先に動詞や形容詞の前に안をつける否定文の作り方を勉強しました。動詞・形容詞語幹に지 않다をつけても否定文を作ることができます。現在形の否定文には지 않습니다を使い、過去形の否定文には지 않았습니다を使います。この文章の終わり方は안を用いたときよりもフォーマルなので、書き言葉ではより頻繁に使われます。

머리가 안 아픕니다. → 머리가 아프지 않습니다.

많이 아프지 않습니다. そんなに痛く(悪く)ありません。

열이 나지 않습니다.

어제는 기침을 하지 않았습니다.

아직 약을 먹지 않았습니다.

내일은 늦게 오지 않을 것입니다.

이번 주 토요일에는 일하지 않을 것입니다.

연습 (練習)

例にならって次の文章を完成させましょう。

> 보기
> 가 : 약을 먹었습니까?
> 나 : 아니요, **약을 먹지 않았습니다**.

1) 가 : 열이 납니까?
   나 : 아니요, _____

2) 가 : 감기에 걸렸습니까?

　　나 : 아니요, _____

3) 가 : 어제 집에서 쉬었습니까?

　　나 : 아니요, _____

4) 가 : 기침이 많이 납니까?

　　나 : 아니요, _____

>>> 과제 課題

1 과제 1 (課題 1)

쓰기 전(書く前に) 次の絵を見て、彼の行動とその理由について話し合いましょう。

쓰기（書いてみよう）この男性が自分だと仮定し、自分の行動とその理由を描写しましょう。

_____

_____

_____

_____

_____

쓰고 나서（書いた後に）クラスメートと作文を交換して比較しましょう。

>>> 문화（文化）：韓国の病院と薬局について

韓国には郊外には大きな病院の他に、たくさんの医院や薬局があります。これは一つには韓国人が健康に強い関心を持っているためです。韓国では医師が検診を行い、処方箋を書きます。それから患者は近くの薬局にその処方箋を持って行きます。救急用品や、その他の処方箋を必要としない薬は韓国のどの薬局でも買うことができます。

健康 건강

2 과제 2 (課題 2)

쓰기 전 (書く前に) 下の表に記されているように、インターネットの健康関連のサイトに3人の人びとが助けを求める書き込みを残しています。彼らの症状をよく読み、彼らが何をすべきか話し合いましょう。

쓰기 (書いてみよう) あなたは彼らにどうするように勧めますか? 空欄にあなたのアドバイスを書きましょう。

번호	게시자	내용
1	김창민	감기에 걸렸습니다. 기침이 나서 목이 너무 아픕니다. 어떻게 하면 기침이 나을까요?
	답글	
2	박오연	저는 요즘 소화가 안 됩니다. 배도 아프고 머리도 아픕니다. 그래서 밥도 먹을 수 없고, 힘이 없습니다. 좋은 방법을 가르쳐 주세요.
	답글	
3	최선호	아이스크림을 많이 먹었습니다. 배가 아파서 계속 화장실에 갑니다. 어떻게 하면 됩니까?
	답글	

쓰고 나서 (書いた後に) 自分のアドバイスをクラスメートのものと比べましょう。

3 과제 3 (課題 3)

쓰기 전 (書く前に) あなたの健康状態はどうですか? 次の質問に答えましょう。

1) 자주 아픕니까?
2) 어디가 아픕니까?
3) 어떻게 아픕니까?
4) 어떻게 합니까?

쓰기 (書いてみよう) 上の質問に対する返答をもとに、自分の健康状態についての文章を書きましょう。

健康 건강

쓰고 나서 (書いた後に) 最近の自分の健康状態について話し、また他の人たちの話をよく聞きましょう。もし必要があれば何かアドバイスをしましょう。

새 단어 新単語

−까지 まで	숙제를 하다 宿題をする
아직 まだ(〜でない)	이번 주 今週
기침이 나다 咳が出る	낫다 治る
소화가 되다 消化される、消化する	힘이 없다 力がない、疲れた
방법 方法	아이스크림 アイスクリーム
계속 継続、引き続き	화장실 化粧室

>>> 자기 평가 自己評価

このレッスンをすべて理解できましたか? 自分の韓国語を採点し、必要に応じて勉強しましょう。

評価事項	自分の採点
1. 場所を説明する表現とボキャブラリーを使える	苦手　まあまあ　得意
2. 場所を説明できる	苦手　まあまあ　得意
3. 韓国にある場所を説明し、勧めることができる	苦手　まあまあ　得意

レッスン 14 　交通手段
교통수단

●●● 目標

様ざまな移動手段と、ある場所から別の場所への移動時間について話せるようにする

- **課題**：移動手段を表現する。韓国民俗村への行き方を表現する。友達に自分の家までの道順を説明する
- **ボキャブラリー**：移動手段、移動に関する表現
- **文法**：－에서 －까지, －부터 －까지, －보다
- **文化**：ソウルの公共交通機関

>>> 들어가기 導入

- この絵には何が描かれていますか?
- あなたはどうやって学校まで通いますか? 学校までどれくらい時間がかかりますか?

예시 글 例文

나는 이태원에 삽니다.
우리 집은 학교에서 좀 멉니다.
그래서 시간이 많이 걸립니다.
버스보다 지하철이 빠릅니다.
그래서 나는 보통 지하철을 타고 학교에 갑니다.
지하철역까지 십 분쯤 걸어서 갑니다.
그리고 지하철을 타고 학교까지 갑니다.

새 단어 新単語

교통 交通	이태원 梨泰院(イテウォン)	-에서 ～から
멀다 遠い	시간이 걸리다 時間がかかる	버스 バス
-보다 ～よりも	지하철 地下鉄	빠르다 早い、速い
타다 (乗り物に)乗る	역 駅	걸어서 가다 歩いて行く

>>> 어휘 및 표현 ボキャブラリーと表現

移動に関するボキャブラリーと表現を覚えましょう。

1 교통수단(移動の手段)

(자동)차 車	버스 バス	택시 タクシー
지하철 地下鉄	기차 汽車、列車	비행기 飛行機
배 船	자전거 自転車	오토바이 オートバイ

연습 (練習)

上記の単語の中から下の絵に対応する交通手段を選び、書きましょう。

1)  _____
2)  _____
3)  _____
4)  _____
5)  _____
6) _____

2 교통 관련 어휘(移動に関するボキャブラリー)

버스 정류장 バス停留所　　지하철역 地下鉄の駅
기차역 鉄道の駅　　　　　공항 空港
버스 터미널 バスターミナル　항구 港
타다 乗る　　　　　　　내리다 降りる
갈아타다 乗り換える
길이 막히다 道が混む、渋滞している
(시간이) 걸리다 (時間が)かかる

연습 (練習)

下のリストを使って次の文章を完成させましょう。

> 보기　역, 공항, 타다, 내리다, 갈아타다, 걸리다, 막히다

1) 나는 오늘 제주도에 갑니다. _____에서 비행기를 타고 갑니다.

2) 아침에 길이 많이 _____. 그래서 수업에 늦었습니다.

3) 회사가 멉니다. 한 시간쯤 _____.

4) 우리 집에 지하철을 _____ 오십시오.

>>> 문법 文法

1 -에서 -까지, -부터 -까지

-에서 -까지と-부터 -까지は名詞につき、「～から、～まで」の意味を表します。-에서, -까지は場所に用いられ、-부터, -까지は時間を表します。

집에서 학교까지 1시간 걸립니다.
　家から学校まで1時間かかります。

1층에서 5층까지 걸어서 올라갔습니다.
오전 9시부터 12시까지 한국어를 공부합니다.
월요일부터 금요일까지 회사에 갑니다.

연습 1(練習 1)

下のリストから正しい接続詞を選び、空欄を埋めましょう。

> 보기　-에서, -부터, -까지

1) 여기_____ 지하철역_____ 10분쯤 걸립니다.

2) 2시_____ 4시_____ 영화를 봤습니다.

3) 서울_____ 부산_____ 뭘 타고 갑니까?

4) 4월_____ 9월_____ 한국어를 공부했습니다.

214

交通手段 **교통수단**

📝 연습 2 (練習 2)

例にならってヒントをもとに文を書きましょう。

> 보기　서울 – 파리, 비행기
> → **서울에서 파리까지 비행기를 타고 갑니다**.

1) 2시 – 5시, 텔레비전

    → _____

2) 서울 – 경주, 5시간

    → _____

3) 서울역 – 학교, 지하철

    → _____

4) 아침 – 밤, 일

    → _____

2 -보다

-보다は名詞につき、その名詞を同じ文のなかの別の名詞と比べます。すなわち、A가B보다 큽니다は、AはBよりも大きい、という意味になります。この場合、A가B보다はB보다A가と書き換えることもできます。

택시가 버스보다 빠릅니다. タクシーがバスよりも速いです。

저녁은 아침보다 길이 더 막힙니다.

진수 씨보다 마이클 씨가 키가 큽니다.

어제보다 오늘이 더 춥습니다.

연습 (練習)

例にならって下の絵を見ながら文を書きましょう。

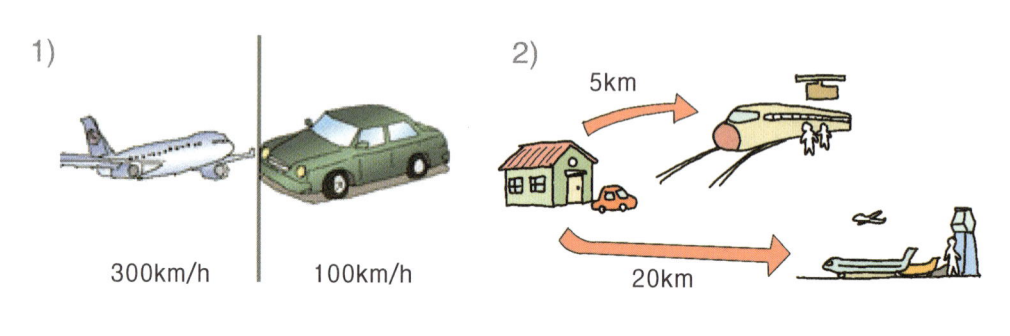

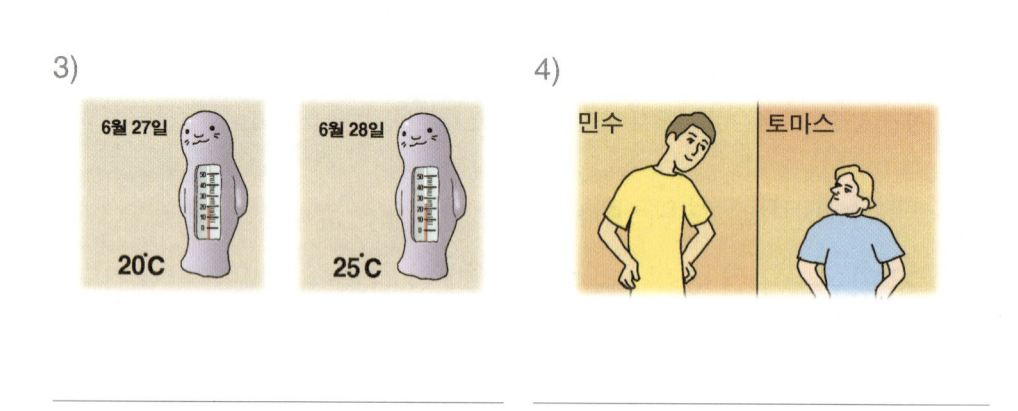

보기

5,000원 | 1,000원

택시가 버스보다 비쌉니다.

1) 300km/h | 100km/h

2) 5km / 20km

3) 6월 27일 20℃ / 6월 28일 25℃

4) 민수 / 토마스

交通手段 **교통수단**

>>> **과제** 課題

1 과제 1 (課題 1)

쓰기 전 (書く前に) クラスメートが住んでいる場所を調べ、その人がどうやって学校に通っているのか、またどれくらい時間がかかるのか調べましょう。

이름	어디에 삽니까?	학교에 어떻게 옵니까?	시간이 얼마나 걸립니까?
김수미	동대문	버스	30분

쓰기 (書いてみよう) 上の情報に基づいて文章を書きましょう。

김수미 씨는 동대문에 삽니다. 학교에 버스를 타고 옵니다. 집에서 학교까지 30분 걸립니다.

쓰고 나서 (書いた後に) クラスメートと作文を交換し、よく読み、間違いがあれば直しましょう。

2 과제 2 (課題 2)

쓰기 전 (書く前に) あなたはクラスメートと一緒に韓国民俗村まで行くことにしました。下の絵を見ながら、どうやってそこまで行くのか、2つのうち、どちらの方法がいいかクラスメートと話し合いましょう。

보기

학교 → 서울역 → 수원역 → 한국 민속촌
　　25분　　　30분　　　20분(37번)

학교 → 강남역 → 한국 민속촌
　　1시간　　　50분(1560번)

쓰기 (書いてみよう) 話し合いをもとに、韓国民俗村までの道のりを説明する文章を書きましょう。

___

___

___

___

___

쓰고 나서 (書いた後に) クラスメートの作文をよく読み、間違いがあれば直しましょう。

交通手段 **교통수단**

3 과제 3 (課題 3)

쓰기 전 (書く前に) 友人があなたを訪ねようとしています。友人にあなたの家までの道を教えましょう。

1) あなたの家の周辺で最も大きな交通機関のステーションは何ですか?
　　□ 空港　　　□ 駅　　□ 港　　□ バスターミナル
2) そこからあなたの家までの道をメモに書きましょう。

쓰기 (書いてみよう) 手紙を書いて友人にあなたの家まで来る方法を教えましょう。

_____

_____

_____

_____

_____

_____

쓰고 나서 (書いた後に) 自分の書いた文章をクラスメートに読み上げましょう。

새 단어 新単語

제주도 済州島(チェジュド)	올라가다 上る
부산 釜山(プサン)	뭘 何を
파리 パリ	경주 慶州(キョンジュ)
서울역 ソウル駅	밤 夜
빠르다 早い、速い	더 もっと
얼마나 どれくらいの長さ	동대문 東大門(トンデムン)

>>> **문화 (文化)：ソウルの公共交通機関**

1,000万人の人口を擁する首都ソウルでは、乗用車(自家用)による移動はラッシュアワーにはとても深刻なものとなっています。ですが、タクシー、バス、地下鉄をはじめとする、他の交通手段を選ぶこともできます。これらのいずれかの交通手段を使えば、ソウル市内のほとんどの場所にたやすくたどり着くことができます。バスと地下鉄は安く、便利で使い勝手がよいため、ソウル市内を回るのに向いています。そのため、バスや地下鉄(韓国では、一般に大衆交通機関(テジュンキョトンキグァン)と言う)を使う人が増えています。

交通手段 **교통수단**

>>> 자기 평가 自己評価

このレッスンの内容を理解できましたか？ 自分の韓国語を採点して、必要に応じて勉強し直しましょう。

評価事項	自分の採点
1. 移動の方法を説明するのに必要なボキャブラリーを知っている	苦手　まあまあ　得意
2. 移動するのにどれくらい時間がかかるか説明できる	苦手　まあまあ　得意
3. どこかへ行く方法を文章に書いて説明できる	苦手　まあまあ　得意

レッスン 15 旅行
여 행

●●● 目標

旅行したことのある場所についての短い文章を書けるようにする

- **課題**：旅程表を書く。旅行中に撮った写真に基づいて文章を書く。旅行についての短文を書く
- **ボキャブラリー**：旅行の目的地、旅行に関する表現
- **文法**：−아/어/여 보다, −(으)ㄴ 후에, −기 전에
- **文化**：済州島について

>>> 들어가기 導入

- 上の写真の場所がどこだか分かりますか？ 上の写真で印象的なものは何ですか？
- 今までの旅行で一番思い出深いのは何ですか？ またこれからどんな旅に出かけたいですか？

>>> 예시 글 例文

　　교코 씨, 저는 지금 제주도에 있습니다.
3박 4일 동안 제주도에서 여행을 할 것입니다.
저는 제주도에 처음 와 봤습니다.
제주도에는 볼 것이 무척 많습니다.
한라산과 바다의 경치가 무척 아름답습니다.
그리고 돌하르방은 무척 인상적이었습니다.
내일은 민속촌과 식물원에 갈 것입니다.
교코 씨도 나중에 제주도에 꼭 한번 와 보십시오.

새 단어 新単語

3박 4일 3泊4日
돌하르방 トルハルバン(石じいさん。済州島の道祖神)
처음 初めて　　　　　　　　와 보다 に来てみる
민속촌 民俗村　　　　　　　볼 것 見もの
무척 とても　　　　　　　　나중에 後で、後に
한라산 漢拏山(ハルラサン)　바다 海
인상적이다 印象的だ　　　　경치 景色
아름답다 美しい　　　　　　식물원 植物園

>>> **어휘 및 표현** ボキャブラリーと表現

旅行に関する表現を覚えましょう。

1 여행 장소(旅行場所)

산 山	강 川
바다 海	호수 湖
폭포 滝	온천 温泉
민속촌 民俗村	박물관 博物館
식물원 植物園	동물원 動物園
미술관 美術館	전망대 展望台

연습 (練習)

空欄に絵と対応する単語を書きましょう。

1)

2)

3)

4)

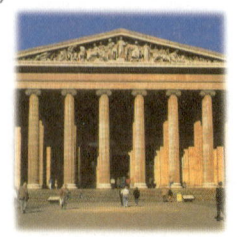

旅行 **여행**

5)　　　　　　　　　　　　6)

2 여행 관련 표현(旅行に関する表現)

여행을 하다 旅行をする　　　예약을 하다 予約をする
구경을 하다 見物をする　　　사진을 찍다 写真を撮る
호텔 ホテル　　　　　　　　여관 旅館
민박을 하다 民宿(民泊)をする
3박 4일 3泊4日

연습 (練習)

日本語とそれに対応する韓国語を結びましょう。

　　　　　　　　　　　　　　・㉮ 민박을 하다

1) 旅行をする　　　・　　　　・㉯ 삼박 사일

2) 旅館　　　　　　・　　　　・㉰ 여행을 하다

3) 予約をする　　　・　　　　・㉱ 호수

4) 見物をする　　　・　　　　・㉲ 여관

5) 3泊4日　　　　　・　　　　・㉳ 구경을 하다

6) 民宿(民泊)に泊まる ・　　　・㉴ 예약을 하다

　　　　　　　　　　　　　　・㉵ 호텔

3 여행 감상 표현(旅行の感想の表現)

아름답다 美しい
공기가 맑다 空気がきれいだ
친절하다 親切だ
인상적이다 印象的だ
경치가 좋다 景色がよい
볼 것/먹을 것이 많다 見もの／食べるものが多い

연습 (練習)

下に示された語句を選んで空欄を埋めましょう。

보기 맑다, 경치, 친절하다, 아름답다, 볼 것

지난 여름에 설악산에 여행을 갔다 왔습니다.

설악산은 1) _____.

공기도 2) _____.

3) _____ 도 좋았습니다.

그리고 사람들이 4) _____,

먹을 것과 5) _____ 이 많았습니다.

旅行 여행

>>> 문법 文法

1 -아/어/여 보다

아/어/여 보다は動詞語幹につき、試みることを表します。動詞語幹がㅏやㅗで終わるときにはㅏ,ㅗ,ㅡ아 보다を使い、それ以外の母音で終わるときには하다を使います。하다がついた動詞は-여 보다と結びつき、-해 보다に変化します。過去形である-어 봤습니다は経験を表します。未経験を表すときには、動詞の前に안をつけます。-어 보십시오は丁寧な命令を表します。

젓가락을 사용해 봤습니다.
  箸を使用してみました。

김치를 안 먹어 봤습니다.
한국에 가 볼 것입니다.
한국 음식을 먹어 보고 싶습니다.
이 옷을 한번 입어 보십시오.
다음에는 저걸 신어 보십시오.

연습 1 (練習 1)

下の例にならって会話を完成させましょう。

> 보기 한국 → 가 : 한국에 가 봤습니까?
>   나 : 네, 가 봤습니다. (or)
>   아니요, 안 가 봤습니다.

1) 한국 소설 → 가 : _____
                나 : _____

2) 한국 음식 → 가 : _____
           나 : _____

3) 한국 사람 → 가 : _____
           나 : _____

4) 한복   → 가 : _____
           나 : _____

연습 2 (練習 2)

下記の活動をしたことのない人たちに、それをするように勧める文を書きましょう。

> 보기   한국에 안 가 봤습니다. → **한국에 가 보십시오.**

1) 김치를 안 먹어 봤습니다.

   → _____

2) 제주도에 안 가 봤습니다.

   → _____

3) 한국 소설을 안 읽어 봤습니다.

   → _____

4) 한국에서 여행을 안 해 봤습니다.

   → _____

旅行 **여행**

2 -(으)ㄴ 후에

-은 후에は動詞語幹につき、その動詞の行動が終わった後のことを表します。この語尾の前に来る行動は、この語尾の後に来る行動に先行することになります。ㄹ以外の子音で終わる動詞語幹には、-은 후에を使い、母音で終わるときには-ㄴ 후에を使います。もしその語幹がㄹで終わるときには、-ㄴ 후에がつき、ㄹを取り除きます。

밥을 먹은 후에 커피를 마십니다.
　ご飯を食べた後にコーヒーを飲みます。

은행에서 돈을 찾은 후에 학교에 갔습니다.
친구를 만난 후에 집에 돌아왔습니다.
수업이 끝난 후에 마이클 씨를 만납니다.
전화를 건 후에 가겠습니다.
돈을 많이 번 후에 결혼할 것입니다.

연습 (練習)

-은 후에のパターンを使い、例にならって文を書きましょう。

> 보기　밥을 먹다 → 커피를 마시다
> : 밥을 먹은 후에 커피를 마십니다.

1) 저녁을 먹다 → 운동하다

　　：_____

2) 수업이 끝나다 → 친구를 만나다

　　：_____

3) 책을 읽다 → 텔레비전을 보다

　　:＿＿＿＿＿＿＿＿＿＿＿＿＿＿＿＿＿＿

4) 전화를 걸다 → 학교 가다

　　:＿＿＿＿＿＿＿＿＿＿＿＿＿＿＿＿＿＿

3 -기 전에

-기 전에は動詞語幹につき、その動詞の行動が起きる前のことを表します。-은 후에とは違い、語幹の変化はありません。

자기 전에 이를 닦습니다. 眠る前に歯をみがきます。
집에 가기 전에 은행에 갔습니다.
여행을 가기 전에 호텔을 예약해야 합니다.
수업을 시작하기 전에 커피를 마십니다.

연습 1(練習 1)

-기 전에のパターンを使い、例にならって文を書きましょう。

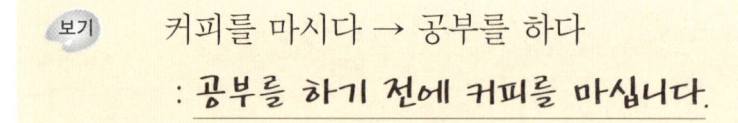

> 보기　커피를 마시다 → 공부를 하다
> 　　: 공부를 하기 전에 커피를 마십니다.

1) 일기를 쓰다 → 잠을 자다

　　:＿＿＿＿＿＿＿＿＿＿＿＿＿＿＿＿＿＿

2) 운동을 하다 → 학교에 가다

    : _____

3) 책을 읽다 → 텔레비전을 보다

    : _____

4) 친구한테 전화를 걸다 → 친구를 만나다

    : _____

연습 2 (練習 2)

例にならって下の表を見ながら質問に答えましょう。

> 보기 가 : 운동을 한 후에 무엇을 했습니까?
>
> 나 : **운동을 한 후에 샤워를 했습니다.**

7:00	운동	11:00-12:00	쇼핑
8:00	샤워	12:00-13:00	점심
8:20	아침	13:00-15:00	바다, 수영
9:00-11:00	한라산 구경	15:00-17:00	식물원 구경

1) 가 : 아침을 먹기 전에 무엇을 했습니까?

    나 : _____

2) 가 : 바다에서 수영을 한 후에 무엇을 했습니까?

    나 : _____

3) 가 : 언제 한라산을 구경했습니까?

　　나 : _____

4) 가 : 언제 바다에 갔습니까?

　　나 : _____

>>> 과제 課題

1 과제 1 (課題 1)

쓰기 전 (書く前に) これは世界旅行の地図です。あなたはどこに行ったことがありますか？ あなたはどこを訪れたいですか？ 下の表を参照しながら計画を立てましょう。

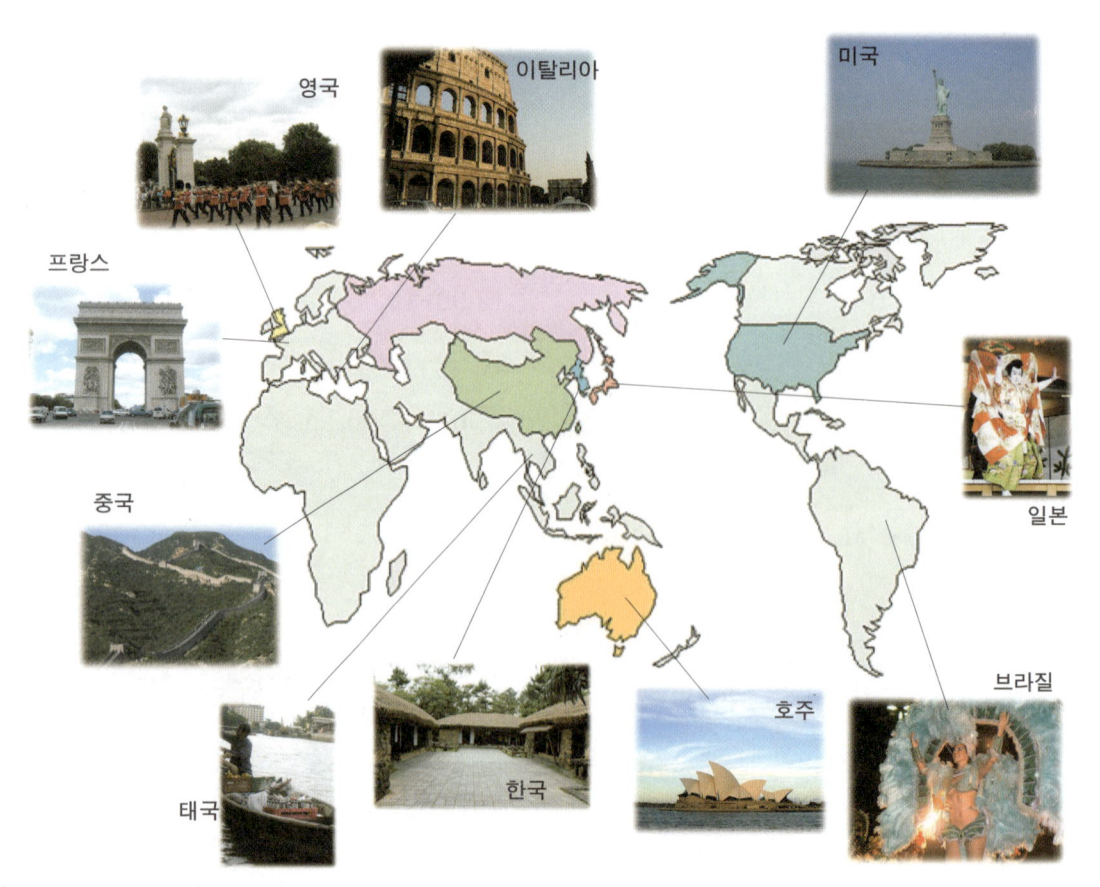

영국
이탈리아
미국
프랑스
중국
일본
태국
한국
호주
브라질

旅行 **여행**

여행지	태국
기간	4박 5일(7월 8일-7월 12일)
유명한 것이나 장소	수상 시장, 왕궁
하고 싶은 것	시내, 수상 시장 구경
숙소	호텔
여행 경비	800000원

여행지	
기간	
유명한 것이나 장소	
하고 싶은 것	
숙소	
여행 경비	

쓰기(書いてみよう) 先に書いた計画をもとに、あなたの旅行計画を説明しましょう。またその旅行中に何をしたいのかも書きましょう。

_____
_____
_____
_____
_____
_____
_____

쓰고 나서(書いた後に) クラスメートに自分の旅行の計画を発表しましょう。

2 과제 2 (課題 2)

쓰기 전 (書く前に) マイケルは済州島への旅行中に次の写真を撮りました。マイケルの旅行について話し合いましょう。

쓰기 (書いてみよう) あなたは今済州島を旅行中です。済州島旅行についての手紙を友人に宛てて書きましょう。

쓰고 나서 (書いた後に) 作文をクラスメートのものと比べましょう。

>>> 문화 (文化)：済州島について

済州島は韓国の最南に位置し、韓国の島のなかでも最大です。亜熱帯の火山性の島で、韓国の他の場所ではほとんど見かけることのできない、楽園のような独特の自然と風光に恵まれています。そのため、済州島の観光産業は早くから発達し、今や韓国人に最も人気のある観光地、レジャースポット、静養地となりました。

済州島には2つのニックネームがあります。その一つは「サムムド」(三無島)で、韓国語で、文字通り「3つのものがない島」という意味です。「サムム」とは、泥棒、物乞い、門(大門)がないという意味です。また済州島は「3つのものがある島」という意味の「サムダド」(三多島)とも呼ばれています。「サムダ」とは、文字通り岩、風、そして女性を指しています。この2つのニックネームから、済州島は心温かい人びとと美しい自然に満ちているということが分かります。

済州島の見所はたくさんありますが、観光客が必ず訪れる場所として、「白鹿潭」(ペンノクタム)という火山湖があります。これは韓国南部で最も標高の高い漢拏山の頂上にあります。済州島に行けば、休暇で求めるすべてを味わえるでしょう。

3 과제 3 (課題 3)

쓰기 전 (書く前に) あなたはどんな旅行をしてきましたか? どこが一番印象に残っていますか? 自分の経験をクラスメートに話しましょう。

1) 어디에 가 봤습니까?
2) 거기에 누구와 갔습니까?
3) 며칠 동안 여행을 했습니까?
4) 거기에서 무엇을 했습니까?
5) 무엇이 인상적이었습니까?
6) 돈이 얼마나 들었습니까?

쓰기 (書いてみよう) あなたの旅行についての文章を書きましょう。

_____
_____
_____
_____
_____
_____
_____

쓰고 나서 (書いた後に) クラスメートに自分の旅行について話しましょう。またクラスメートの経験をよく聞き、何か質問があれば尋ねましょう。

旅行 **여행**

새 단어 新単語

설악산 雪岳山(ソラクサン)	젓가락 箸	샤워하다 シャワーを浴びる
사용하다 使用する	김치 キムチ	왕궁 王宮
한번 1度	입다 着る	거기 そこ
신다 履く	소설 小説	돈이 들다 金が入る
한복 韓服	돈을 찾다 金を引き出す	수상 시장 水上市場
돈을 벌다 金を稼ぐ	결혼하다 結婚する	
시내 市内	며칠 동안 数日間	

>>> 자기 평가 自己評価

このレッスンを理解できましたか？ 自分の韓国語を採点し、必要に応じて勉強しましょう。

評価事項	自分の採点
1. 旅行に関するボキャブラリーを知っている	苦手　まあまあ　得意
2. 旅行中に何をしたかについて書くことができる	苦手　まあまあ　得意
3. それについて書くことができますか？	苦手　まあまあ　得意

レッスン 16　容姿・服装
용모 · 복장

●●● 目標

適切な表現を使って容姿や服装を描写できるようにする

- **課題**：自分の容姿を描写する。写真に写っている人びとを描写する。自分の理想の
タイプの人物を描写する
- **ボキャブラリー**：容姿、衣服と靴、衣服の着脱に関する表現
- **文法**：현재 시제 관형사형(現在形の連体詞)
- **文化**：韓服について

>>> 들어가기 導入

- 上の写真に写っているのはどのような人びとに見えますか？ 彼らは何を着ていますか？
- あなたは背が高いですか？ あなたは普段何を着ますか？

容姿・服装 **용모 · 복장**

>>> 예시 글 例文

　　저희 반 친구들의 사진입니다.
가운데에 있는 사람이 저입니다.
키가 제일 큰 사람은 마이클 씨입니다.
키가 제일 작은 사람은 스즈키 씨입니다.
안나 씨는 파란색 치마를 입었습니다.
교코 씨는 안경을 쓰고, 짧은 치마를 입었습니다.
교코 씨에게 이야기하는 사람은 왕치엔 씨입니다.

새 단어 新単語

용모 容姿、容貌	복장 服装	저희 반 私たちのクラス(班)
가운데 真ん中(の)	키 背たけ	파란색 青色
치마 チマ、スカート	안경을 쓰다 眼鏡をかける	짧다 短い

>>> 어휘 및 표현 ボキャブラリーと表現

容姿や衣服を表すボキャブラリーと表現を覚えましょう。

1 용모(容姿)

키가 크다 背が高い　　　　　　키가 작다 背が低い
예쁘다 かわいい　　　　　　　멋있다 粋だ、しゃれている

귀엽다 かわいい
보통이다 普通だ
잘생기다(잘생겼습니다*) かっこいい(かっこいいです)
못생기다(못생겼습니다*) 醜い(醜いです)
뚱뚱하다 太っている
마르다(말랐습니다*) やせている(やせています)
눈이 크다 目が大きい
눈이 작다 目が小さい
머리가 길다(깁니다*) 髪が長い(長いです)
머리가 짧다 髪が短い

- 예쁘다は通常女性と子供に対して使われ、잘생기다は男性に対して使われます。잘생기다, 못생기다, 마르다は現在の状態を表しているときでも過去形で使われます。
- －ㅂ니다がついたときには、길다は깁니다となり、語幹のㄹはなくなります。

연습 (練習)

下の絵の男性と女性はどのような見かけをしていますか？ 例にならって彼らの容姿を描写しましょう。

보기 키가 큽니다.
1) _____
2) _____
3) _____

보기 키가 작습니다.
1) _____
2) _____
3) _____

2 옷과 신발(衣服と靴)

옷 服	바지 パジ、ズボン	치마 スカート
셔츠 シャツ	스웨터 セーター	재킷 ジャケット
점퍼 ジャンパー	양복 洋服	넥타이 ネクタイ
모자 帽子	장갑 手袋	양말 靴下
신발 靴	구두 靴	운동화 運動靴

연습 (練習)

例にならって絵に描かれた物の名前を書きましょう。

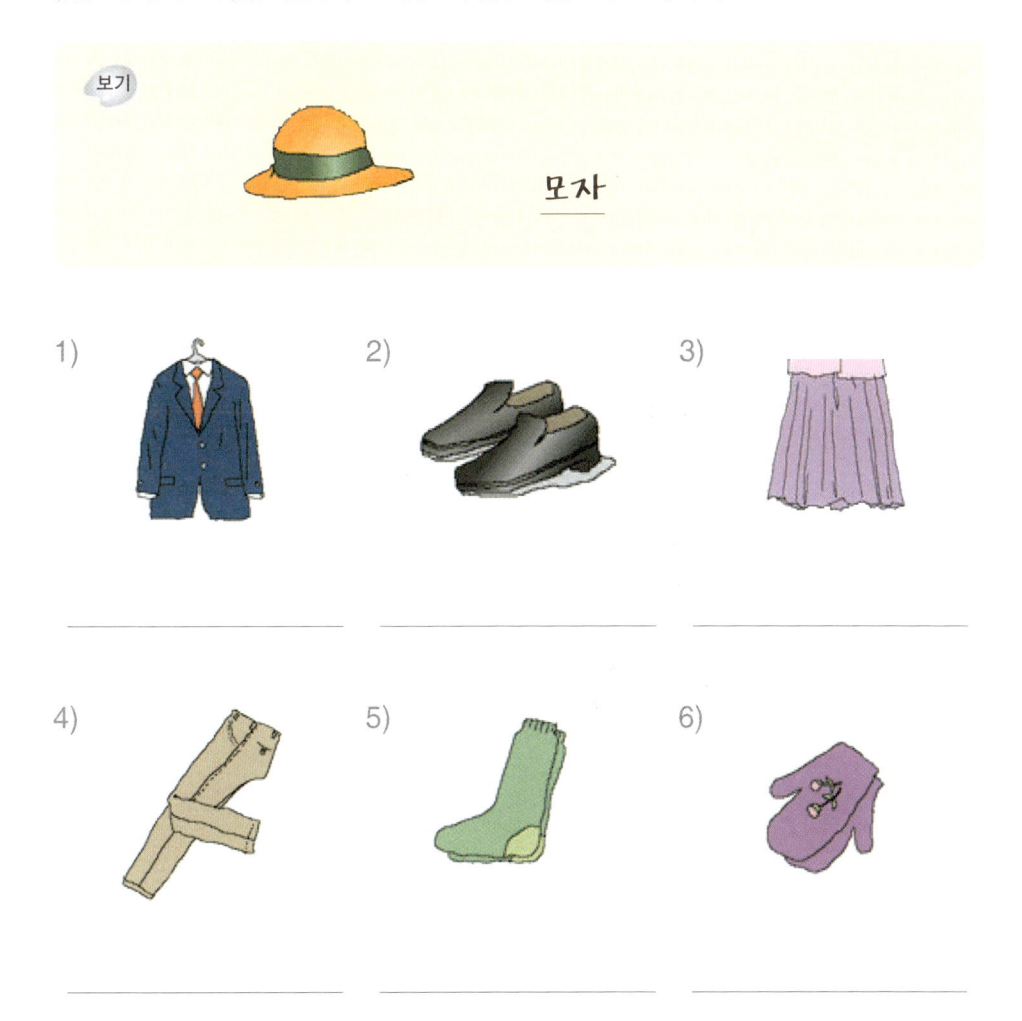

보기　　　모자

1)
2)
3)
4)
5)
6)

3 탈착 표현(衣服の脱ぎ着の表現)

着る	脱ぐ
입다(양복/셔츠/치마/바지) 신다(구두/운동화/양말) 쓰다(모자/안경) 끼다(장갑)	벗다
매다(넥타이)	풀다

▶ 過去形である 입었습니다, 신었습니다, 벗었습니다などは衣服を着る現在の状態を表すのに使われます。

연습 (練習)

下の絵を見ながら、例にならって彼が何を着ているか描写しましょう。

보기

셔츠를 **입었습니다**.

1) 바지를 _____
2) 양말을 _____
3) 모자를 _____
4) 넥타이를 _____
5) 안경을 _____
6) 운동화를 _____

容姿・服装 용모 · 복장

>>> 문법 文法

1 현재 시제 관형사형(現在時制の連体形)

韓国語では、名詞を変化させる動詞や形容詞は、その名詞の前に来ます。この場合、その単語が動詞か形容詞であるか、その時制により、その語幹は違った語尾につきます。以下は現在時制での連体形の作り方です。

動詞が名詞を修飾するとき、는が動詞の語幹につきます。その語幹がㄹで終わるときはその語幹は-는で終わり、ㄹがなくなります。

(공부하다)　　사람　→　공부하는 사람
(전화를 걸다)　사람　→　전화를 거는 사람

名詞を修飾する形容詞の語幹には-은がつきます。その語幹が母音で終わるときには-ㄴがつき、子音で終わるときには-은がつきます。その語幹の語尾がㄹの場合は-ㄴがつきますが、ㄹはなくなります。

(예쁘다)　　　꽃　　→　예쁜 꽃
(머리가 길다)　여자　→　머리가 긴 여자
(짧다)　　　　치마　→　짧은 치마

있다で終わる動詞、または形容詞の語幹には、있다や없다に見られるように、-는が文末に来る재미있는, 재미없는がつき、名詞を修飾します。

(재미있다)　　영화　→　재미있는 영화

신문을 보는 사람이 우리 형입니다.
新聞を見ている人が私の兄です。

빵을 먹는 사람이 내 동생입니다.

서울에 사는 친구가 많습니까?

머리가 길고 키가 큰 사람이 누구입니까?

수미 씨는 짧은 치마를 입었습니다.

어제 멋있는 사람을 만났습니다.

연습 1(練習 1)

例にならって下記の文章を書き換えましょう。

> 보기　꽃이 예쁩니다.　→　**예쁜 꽃**

1) 수미 씨는 바쁩니다.　→ _____
2) 교코 씨는 테니스를 칩니다. → _____
3) 우리 집은 작습니다.　→ _____
4) 이 책은 재미있습니다.　→ _____
5) 마이클 씨는 키가 큽니다. → _____
6) 린다 씨는 책을 읽습니다. → _____

容姿・服装 **용모·복장**

🖋 연습 2 (練習 2)

例にならって写真を見ながら質問に答えましょう。

보기	가 : 책을 읽는 사람이 수미 씨입니까?
	나 : **아니요, 커피를 마시는 사람이 수미 씨입니다.**

1) 가 : 전화를 거는 사람이 마이클 씨입니까?

   나 : _____

2) 가 : 머리가 짧은 사람이 교코 씨입니까?

   나 : _____

3) 가 : 누가 왕치엔 씨입니까?

   나 : _____

4) 가 : 누가 진수 씨입니까?

   나 : _____

>>> 과제 課題

1 과제 1 (課題 1)

쓰기 전 (書く前に) 今日あなたは、ある人と初めて会う約束があります。その人があなたを見つけやすいようにあなたの容姿を説明したファクスを送らなければなりません。あなたの容姿と今日の服装を手短に説明しましょう。

신체적 특징(身体的特徴)

복장(服裝)

쓰기 (書いてみよう) 上で書いたメモを使い、あなたの容姿を細部まで説明しましょう。

_____

_____

_____

_____

쓰고 나서 (書いた後に) クラスメートと作文を交換し、クラスメートの描いた物が正しいか見てみましょう。

2 과제 2 (課題 2)

쓰기 전 (書く前に) これは私とマイケルとキョウコとワン・チエンが一緒に撮った写真です。彼らが何を着ているかクラスメートと話し合いましょう。

마이클　교코　왕치엔　나

쓰기 (書いてみよう) あなたはこの写真を、説明の手紙をつけ、友人に送ろうと思っています。このレッスンで覚えた表現を使って作文しましょう。

_____
_____
_____
_____

쓰고 나서 (書いた後に) クラスメートと作文を交換し、間違いがあれば直しましょう。

容姿・服装 용모・복장

3 과제 3 (課題 3)

쓰기 전 (書く前に) あなたの理想はどのようなタイプの人物ですか？例文に続き、自分の理想のタイプについてのメモを、連体形を用いて書きましょう。

> 보기　착한 사람(여자/남자), 잘 웃는 사람, 멋있는 사람…

쓰기 (書いてみよう) 上のメモを使って自分の理想のタイプを描写しましょう。

쓰고 나서 (書いた後に) クラスの前に立って自分の作文を発表しましょう。またクラスメートのものを聞き、その感想やアドバイスを言いましょう。

새 단어 新単語

착하다 正直だ、優しい	여자 女性
남자 男性	웃다 笑う、微笑む

>>> 자기 평가 自己評価

このレッスンの内容を理解できましたか？ 自分の韓国語を採点して、必要に応じて勉強し直しましょう。

評価事項	自分の採点
1. 容姿を描写するためのボキャブラリーを知っている	苦手　まあまあ　得意
2. 服装を描写するためのボキャブラリーを知っている	苦手　まあまあ　得意
3. 連体形を覚え、それを正しく使うことができる	苦手　まあまあ　得意
4. 自分や他の人の容姿や衣服を描写することができる	苦手　まあまあ　得意

>>> 문화 (文化)：韓服について

韓服(한복)は、韓国の伝統的な行事に出席するときに、年齢にかかわらず着る由緒ある衣装です。今日人びとが着る韓服は、儒教を重んじた朝鮮王朝(1392～1910)時代の服にちなんだものです。韓服は曲線と直線のシンプルなラインに特徴があります。女性の韓服は巻きスカート(チマ)とボレロのような上着(チョゴリ)から成っています。男性のものは短い上着(チョゴリ)と、ズボン(バジ)から成っています。トゥルマギと呼ばれる似たような格好のロングコートを羽織ることもあります。人びとは社会での階級や地位により、それぞれ違った色の韓服を着ます。古来、平民は白い韓服を着るのが普通でした。婚礼のような特別な席では、平民もカラフルな衣服とアクセサリーを身に着けました。現在の韓国人は日常生活では韓服を着ることはありませんが、伝統的な休日や結婚式、そして還暦などには韓服を着ます。現代の人びとは、韓国の衣服の美を保ちながら、さらに実用的に改良された韓服を好んで着ています。

レッスン 17 感情・気分
감정・기분

●●● 目標

感情や気分の表現を用いながら自分の感情や気分を描写できるようにする

- 課題：あなたの友人たちがどのような気分でいるか描写する。様ざまな感情のときに取る行動について書く。あなたの人生の最も幸せだった時間について書く
- ボキャブラリー：感情や気分、感情表現に関するボキャブラリー
- 文法：-지만, -(으)ㄹ 때
- 文化：韓国人の感情表現2

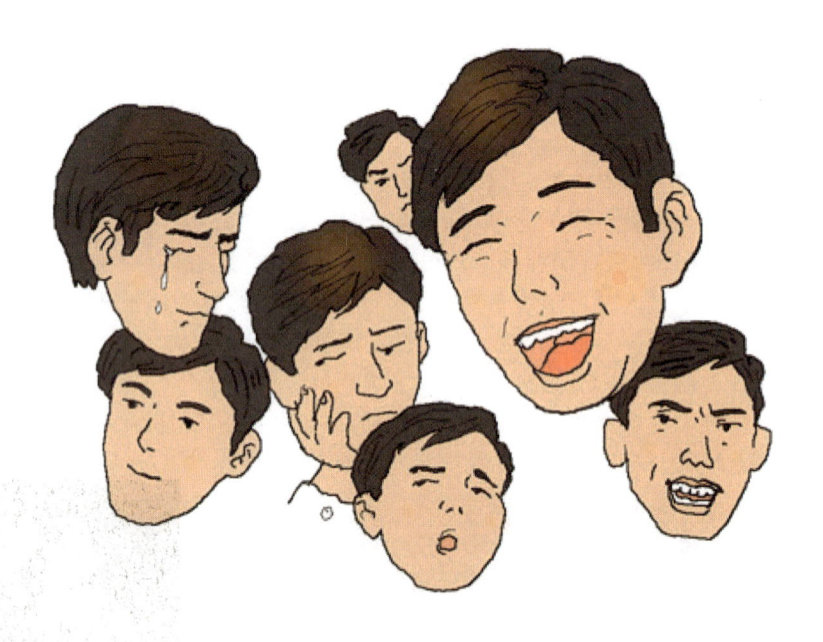

>>> 들어가기 導入

- この人たちはどのような気分でしょうか？あなたがそう思った理由は？
- あなたはどんな気分ですか？

>>> 예시 글 例文

나는 무척 행복합니다.
나에게는 힘들 때 도와주는 가족이 있습니다.
국적은 다르지만 좋은 친구도 여러 명 있습니다.
이런 가족과 친구가 있어서 나는 행복합니다.
우울할 때 나는 가족과 친구를 생각합니다.
그러면 기분이 좋아집니다.

새 단어 新単語

감정 感情	국적 国籍
다르다 違う、異なる	-지만 ~だが
여러 数多く、何人か	이런 このような
우울하다 落ち込んだ、憂鬱だ	-ㄹ 때 ~のとき
생각하다 思う、考える	그러면 すると、そうしたら
좋아지다 よくなる	

>>> 어휘 및 표현 ボキャブラリーと表現

どのようなことを感じているかを伝えるためのボキャブラリーと表現を覚えましょう。

1 감정과 기분(感情と気分)

기분이 좋다 気分がいい	기분이 나쁘다 気分が悪い
기쁘다 嬉しい	슬프다 悲しい
즐겁다 楽しい	행복하다 幸福だ、幸せだ
우울하다 憂鬱だ	외롭다 寂しい
화가 나다※ 腹が立つ	그저 그렇다 まあまあだ

○ 現在の気分を描写するときでも、過去形の화가 났습니다を使います。

연습 (練習)

次の場面ではどんなことを感じますか? 上のリストから適切な表現を選び、自分がどのように感じるか描写しましょう。

> 보기　오래간만에 친구가 전화를 했습니다.
>
> 　　　그래서 **기분이 좋습니다**.

1) 친구가 약속을 안 지켰습니다.

　　그래서 _____

2) 우리 집 개가 죽었습니다.

　　그래서 _____

感情・気分 **감정 · 기분**

3) 오늘 시험을 잘 못 봤습니다.

  그래서 _____

4) 외국에서 혼자 삽니다.

  그래서 _____

5) 축구 시합에서 우리 팀이 이겼습니다.

  그래서 _____

6) 사랑하는 사람과 내일 결혼합니다.

  그래서 _____

2 감정 표출 표현(感情表現に関するボキャブラリー)

웃다 笑う　　　　　　　　　울다* 泣く
박수를 치다 手を叩く　　　　화를 내다 腹を立てる
싸우다 喧嘩する　　　　　　참다 堪える
소리를 지르다 声をあげる、叫ぶ

- 現在時制では울다는웁니다に不規則変化します。
- 소리를 지르다が過去時制で使われるときには、소리를 질렀습니다に不規則変化します。

연습 (練習)

次のリストから適切な単語を選び、空欄を埋めましょう。

> 보기　울다, 웃다, 지르다, 내다, 참다, 치다, 싸우다

1) 선호 씨는 화가 나서 나에게 소리를 _____

2) 어제 영화를 봤습니다. 영화가 너무 슬퍼서 _____

3) 수잔 씨는 나에게 화를 _____

4) 내 말을 듣고 영진 씨는 너무 기뻐서 박수를 _____

>>> 문법 文法

1 -지만

-지만は動詞か形容詞の語幹につき、2つの対照的な文章をつなぎます。接続する文章が過去時制の場合は、-지만が過去時制語幹につきます。

맛이 좋습니다. 그렇지만 음식 값이 비쌉니다.
→ 맛이 좋지만 음식 값이 비쌉니다.
비가 왔습니다. 그렇지만 축구를 했습니다.
→ 비가 왔지만 축구를 했습니다.

나는 키가 크지만 내 동생은 키가 작습니다.
　私は背が高いが、弟は背が低いです。
나는 춤을 잘 추지만 노래를 잘 못합니다.
수미 씨한테 전화했지만 집에 없었습니다.
어제 영화 보러 가고 싶었지만 피곤해서 집에서 쉬었습니다.

感情・気分 **감정・기분**

✏️ **연습 1(練習 1)**

-지만のパターンを使い、A、Bから1つずつ文を選び、つなぎましょう。

> 보기　비가 왔습니다. 등산을 했습니다.
> → **비가 왔지만 등산을 했습니다.**

⟨A⟩	⟨B⟩
집이 큽니다.	참았습니다.
화가 났습니다.	친절하지 않습니다.
공부를 열심히 했습니다.	깨끗하지 않습니다.
그 식당은 음식이 맛있습니다.	시험에 떨어졌습니다.

1) _____
2) _____
3) _____
4) _____

✏️ **연습 2(練習 2)**

例にならって2つの文章をつなぎましょう。

> 보기　-아/어서, -고, -지만

1) 운동을 좋아합니다. 잘 못합니다.

　→ _____

255

2) 책을 읽었습니다. 편지를 썼습니다.
   → _____

3) 시간이 없었습니다. 숙제를 다 못 했습니다.
   → _____

4) 일찍 일어났습니다. 학교에 늦었습니다.
   → _____

5) 서점에서 책을 샀습니다. 친구를 만났습니다.
   → _____

6) 감기에 걸렸습니다. 병원에 갔습니다.
   → _____

2 -(으)ㄹ 때

－을 때は動詞、形容詞の語幹につき、「しているとき」を表します。語幹が母音もしくはㄹで終わるときには、－ㄹ 때を使います。その語幹がㄹ以外の語幹で終わるときには、－을 때が使われます。ㄹに－ㄹ 때がつくときには、片方のㄹがなくなります。
－을 때が語幹につくとき、ある節の行動や状況がそれに続く節の行動や状況と同時に発生しているならば、それらの時制に関係なく－을 때が使われます。しかし、後に来る節がその前の節の行動や状態が完了した後に起こるなら、過去時制の－았/었－が使われます。

밥을 먹을 때 전화가 왔습니다.
　ご飯を食べているとき、電話が来ました。

밥을 다 먹었을 때 전화가 왔습니다.
나는 우울할 때 쇼핑을 합니다.

感情・気分 **감정・기분**

수미 씨는 책을 읽을 때 안경을 씁니다.
서울에 살 때 남산에 자주 갔습니다.
내가 약속 장소에 갔을 때 은지 씨는 없었어요.

연습 1(練習 1)

-을 때のパターンを使って空欄を埋めましょう。

1) _____ 기분이 좋습니다.

2) _____ 기분이 나쁩니다.

3) _____ 웁니다.

4) _____ 소리를 지릅니다.

연습 2(練習 2)

次の気分のときには何をしますか? -을 때のパターンを使って文を書きましょう。

> 보기 기분이 좋다 → **기분이 좋을 때 노래를 부릅니다.**

1) 기분이 좋다 → _____

2) 화가 났다 → _____

3) 슬프다 → _____

4) 우울하다 → _____

>>> 과제 課題

1 과제 1 (課題 1)

쓰기 전 (書く前に) 近頃はどんな気分なのかクラスメートに尋ねましょう。その理由を調べ、そのメモを下の表に書き込みましょう。

이름	기분	왜
김수미	외롭다	가족이 보고 싶어서

쓰기 (書いてみよう) 上のメモを見ながら、あなたのクラスメートたちがどんな気分でいたのか、またその理由に関する文章を書きましょう。

_____
_____
_____
_____
_____
_____

쓰고 나서 (書いた後に) 他の人たちの作文を読んで、それが誰が書いたものか推測しましょう。

2 과제 2 (課題 2)

쓰기 전 (書く前に) クラスメートに、彼らがどんなときに幸せを感じるか、また彼らがどんなときに悲しむのか尋ねましょう。またそのような気分のときに彼らが何をするのかを調べましょう。

	언제	무엇
우울하다		
슬프다		
행복하다		

쓰기 (書いてみよう) 上のメモを使って文章を書きましょう。

_____
_____
_____
_____
_____
_____

쓰고 나서 (書いた後に) あなたの書いたことをクラスメートに発表しましょう。

3 과제 3 (課題 3)

쓰기 전 (書く前に) あなたの人生の最良のとき、またあなたの人生の最悪のときについて考えましょう。

쓰기 (書いてみよう) あなたの人生の最良のときと最悪のときについての文章を書きましょう。

_____

_____

_____

_____

_____

_____

_____

쓰고 나서 (書いた後に) 自分が書いたものをクラス全員に向けて読み上げましょう。

새 단어 新単語

오래간만에 久し振りに	지키다 守る	개 犬
죽다 死ぬ	시험을 보다 試験を受ける	외국 外国
혼자 一人	시합 試合	팀 チーム
이기다 勝つ	사랑하다 愛する	결혼하다 結婚する
맛 味	시험에 떨어지다 試験に落ちる	

感情・気分 감정・기분

>>> 자기 평가 自己評価

このレッスンの内容を理解できましたか？ 自分の韓国語を採点して、必要に応じて勉強し直しましょう。

評価事項	自分の採点
1. 気分や感情を表すボキャブラリーを覚えた	苦手　まあまあ　得意
2. 感情表現を表すボキャブラリーを覚えた	苦手　まあまあ　得意
3. 韓国語で自分の気分や感情を表現できる	苦手　まあまあ　得意
4. 気分や感情を表すボキャブラリーを使って短文を書ける	苦手　まあまあ　得意

>>> 문화（文化）：韓国人の感情表現2

韓国人の感情表現の仕方で見逃せないのは、彼らの歌です。韓国人は幸せなときも、悲しいときも、怒っているときも喜んでいるときも、彼らが置かれた状況を楽しんだり忘れたりするために、いつでも歌とともにありました。おそらくそのために、韓国人はおしなべて歌が上手です。外国人は韓国人の歌のうまさにしばしば驚かされます。韓国ではカラオケ店がとても繁盛していますが、それはこのためでしょう。

レッスン 18 手紙
편지

●●● 目標

適切な表現を使って手紙を書けるようにする

- 課題：封筒に自分の韓国での住所を書く。返事を書く。友人に手紙を書く
- ボキャブラリー：手紙などに関する表現
- 文法：동사의 과거 시제 관형사형(過去時制での動詞の連体形)、-고 있다
- 文化：韓国人の手紙の書き方

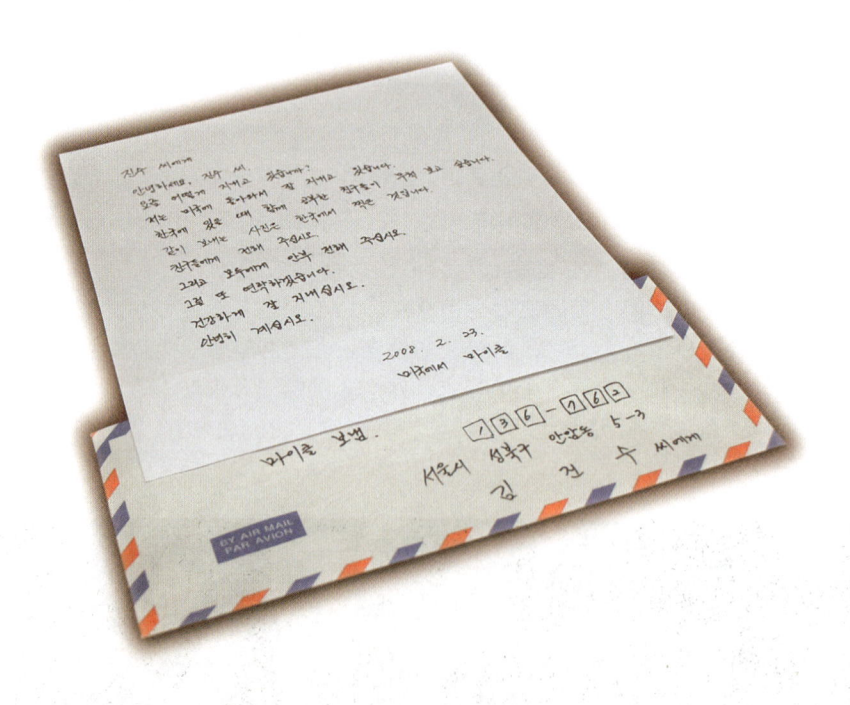

>>> 들어가기 導入

- これは誰が誰に宛てて書いた手紙ですか？ この手紙の内容は何ですか？
- あなたはよく手紙を書きますか？ あなたは誰に宛てて手紙を書きますか？

>>> 예시 글 例文

진수 씨에게

안녕하세요, 진수 씨.

요즘 어떻게 지내고 있습니까?

저는 미국에 돌아와서 잘 지내고 있습니다.

한국에 있을 때 함께 공부한 친구들이 무척 보고 싶습니다.

같이 보내는 사진은 한국에서 찍은 것입니다.

친구들에게 전해 주십시오.

그리고 모두에게 안부 전해 주십시오.

그럼 또 연락하겠습니다.

건강하게 잘 지내십시오.

안녕히 계십시오.

2008. 2. 23.

미국에서 마이클

새 단어 新単語

-에게 ~に(時間を表す助詞)	요즘 最近	어떻게 どう
지내다 過ごす	-고 있다 ~をしている	함께 一緒に
전해 주다 伝えてあげる	안부 安否	또 ふたたび、また
연락하다 連絡する		

>>> 어휘 및 표현 ボキャブラリーと表現

手紙に関する表現を覚えましょう。

1 편지 관련 표현(手紙に関する表現)

편지 手紙　　　　엽서 ハガキ　　　　카드 カード
주소 住所　　　　전자우편 eメール　　　답장 返事
소포 小包　　　　우편 번호 郵便番号　　우표 切手
편지 봉투 封筒　　보내다 送る

✏ 연습 (練習)

上のリストのボキャブラリーを使って空欄を埋めましょう。

1) 진희 씨의 _____는 서울시 성북구 안암동 고려아파트 102동 201호입니다.
2) 친구에게 편지를 받았습니다. 그래서 ____을 썼습니다.
3) 명수 씨, 이 우표를 _____에 붙이세요.
4) 고향에서 _____가 왔습니다. 그 안에는 가족들의 사진과 책들이 있었습니다.

2 기타 표현(その他の表現)

진수에게 拝啓、ジンスへ　　　　　부모님께 親御さんへ
김진수 귀하 キム・ジンス貴下　　김진수 씀 キム・ジンスより
김진수 드림 キム・ジンスより(謹んで)　김진수 올림 キム・ジンスより(謹んで)

手紙 편지

연습 (練習)

例にならって空欄に正しい表現を書き込みましょう。

> **보기**　自分の親に宛てた手紙の書き出し
>
> 　　　　　　　　　　　　　　　　　부모님<u>께</u>

1) 友人に宛てた手紙の書き出し　　　　　진수 ＿＿＿＿＿
2) 年長者の名前の後に　　　　　　　　　김진수 ＿＿＿＿＿
3) 友人に宛てた手紙の終わりに　　　　　진수 ＿＿＿＿＿
4) 年長者に宛てた手紙の終わりに　　　　김진수 ＿＿＿＿＿

>>> **문화 (文化)：韓国人の手紙の書き方**

-에게（エゲ）と-께（ケ）という表現が手紙の書き出しと封筒で用いられます。-에게は友人か自分より年下の人物、もしくは社会的に地位の低い人物に対して書くときに使います。-께は年上の人物に手紙を書いたり、自分より社会的地位の高い人に宛てる手紙で使います。-께は선생님께や김진수 선생님께の例に見られるように、封筒に書きます。また、귀하（クィハ）(貴下)は-께の代わりに封筒に書きます。これは敬意を示すための表現です。

씀（スム）, 드림（トゥリム）, 올림（オルリム）は手紙の終わりに用いられ、それが誰が書いた手紙であるかを示します。手紙の受取人が差出人よりも若かったり、社会的地位が低かったりするときは、差出人は自分の名前だけか、もしくは씀をつけたファーストネームを書くだけでかまいません。もし手紙の受取人が差出人よりも年上であったり、社会的地位が高い人物のときは、差出人の名前の後に올림をつけます。드림は씀と올림の中間の表現で、年長者、年下、友人に宛てたフォーマルな手紙に使います。

>>> 문법 文法

1 동사의 과거 시제 관형사형(動詞の過去時制の連体形)

　語幹が母音で終わる動詞の過去時制での連体形を作るためには、その動詞の語幹に－ㄴをつけます。動詞の語幹がㄹ以外の子音で終わる場合は－은がつき、それがㄹで終わるときは－ㄴがつきますが、ㄹがなくなります。

어제 사과를 먹었습니다. 그 사과는 맛있습니다.
→ 어제 먹은 사과는 맛있습니다.

어제 읽은 책은 아주 재미있습니다.
　昨日読んだ本はとてもおもしろいです。

그저께 산 옷이 마음에 듭니다.
어제 만난 친구와 가장 친합니다.
어제 만든 인형은 귀엽습니다.

연습 1(練習 1)

例にならって次の動詞を連体形にしましょう。

> 보기　어제 사과를 먹었습니다. → **어제 먹은** 사과

1) 어제 영화를 봤습니다.
　　　　　　　→ _____ 영화

2) 생일 파티 때 양복을 입었습니다.
　　　　　　　→ _____ 양복

手紙 **편지**

3) 어제 한국 백화점에 갔습니다.
→ _____ 한국 백화점

4) 형이 책을 읽었습니다.
→ _____ 책

5) 내가 인형을 만들었습니다.
→ _____ 인형

6) 일주일 전에 친구를 만났습니다.
→ _____ 친구

연습 (練習)

括弧内の単語を連体形にしましょう。

나는 서울에서 1) _____ (많다) 친구들을 만났습니다. 2) _____ (내가 만나다) 친구들은 3) _____ (친절하다) 사람들입니다. 나는 그 친구들과 함께 서울을 구경했습니다. 내가 4) _____ (구경을 하다) 곳은 남대문 시장, 인사동, 경복궁입니다. 그중에서 가장 5) _____ (인상적이다) 곳은 남대문 시장입니다. 남대문 시장에는 6) _____ (값이 싸다) 물건들이 많이 있고, 7) _____ (물건을 사고팔다) 사람들이 아주 많았습니다. 나는 거기에서 한국 음식을 먹었습니다. 거기에서 8) _____ (먹다) 음식은 떡볶이와 족발이었습니다. 무척 맛있었습니다.

2 -고 있다

-고 있다は動詞語幹につき、今していることを表します。これはしばしば現在形として同じように使われます。

나는 지금 음악을 듣고 있습니다.(○)
나는 어제 음악을 듣고 있었습니다.(×)

また、-고 있다は지내다や살다につくことがあり、自分の最近の状況を描写できます。

저는 요즘 잘 지내고 있습니다.

저는 지금 공부를 하고 있습니다. 私は今勉強しています。
아버지께서는 지금 신문을 보고 계십니다.
내가 유미 씨를 처음 만났을 때 유미 씨는 회사에 다니고 있었습니다.
마이클 씨는 요즘 한국에서 살고 있습니다.

연습 (練習)

例にならって次の絵を見ながら質問に答えましょう。

보기

가 : 지금 무엇을 하고 있습니까?
나 : 친구를 만나고 있습니다.

1)
가 : 지금 무엇을 하고 있습니까?
나 : _____

2)
가 : 어제 무엇을 했습니까?
나 : _____

3)
가 : 요즘 어디에서 삽니까?
나 : _____

4)
가 : 내가 전화했을 때 무엇을 했습니까?
나 : _____

5)
가 : 어머니는 지금 무엇을 하십니까?
나 : _____

6) 가 : 언니는 요즘 무엇을 합니까?

나 : _____

>>> 과제 課題

1 과제 1 (課題 1)

쓰기 전 (書く前に) 1) 下の封筒を見てみましょう。

```
보내는 사람
서울특별시 성북구 종암동 5허
이유미 올림
136-795


                                    받는 사람
                    서울특별시 서초구 서초동 그린아파트 4동 503호
                                    김진수 귀하
                                    157-403
```

>>> 문화 (文化) : 韓国の大都市での行政区域

韓国の大都市での行政区域は시(市)、구(区)、동(洞)の順に大きな区域から小さな区域へと分けられています。

2) 上の手紙は韓国での住所の書き方を示しています。韓国では大きな区分から小さな区分への順番で住所を書きます。一緒に覚えましょう。

주소   서울특별시
       서초구
       서초동
       그린아파트 4동 503호

쓰기 (書いてみよう) 下にあるヒントを使って封筒に住所を書きましょう。

보내는 사람 : 서울특별시 강동구 천호동 한강아파트
              5동 403호 김미정(123-432)
받는 사람   : 서울특별시 동대문구 제기 1동 67-4
              박기영 선생님(143-078)

보내는 사람
받는 사람

쓰고 나서 (書いた後に) 自分の書いたものをクラスメートと比べましょう。

2 과제 2 (課題 2)

쓰기 전 (書く前に) 自分がリンダだと思ってみましょう。これは友人があなたに宛てた手紙です。読んでみましょう。

보고 싶은 린다 씨에게

린다 씨, 잘 지내고 있습니까?

저는 덕분에 잘 지내고 있습니다.

린다 씨가 서울을 떠나고 벌써 두 달이 되었습니다. 린다 씨와 함께 지낸 시간들이 자주 생각이 납니다. 그때가 그립습니다.

린다 씨는 요즘 어떻게 지내고 있습니까?

소식이 무척 궁금합니다.

답장 보내 주세요.

그럼 안녕히 계세요.

진호 씀

手紙 **편지**

쓰기 (書いてみよう) 진호에 返事を書きましょう。

쓰고 나서 (書いた後に) 自分の書いたものとクラスメートのものを比べてみましょう。

3 과제 3 (課題 3)

쓰기 전 (書く前に) 韓国語で手紙を書く友人はいますか? それは誰ですか? その手紙を書くときにはどんな表現が使われるでしょうか? 手紙を書くのに必要な表現をチェックしましょう。

편지 받는 사람	
인사말	
내용	
편지를 끝낼 때	

쓰기 (書いてみよう) 上の例を使って手紙を書きましょう。

보내는 사람

받는 사람

手紙 편지

_____
_____
_____
_____

쓰고 나서 (書いた後に) あなたの書いた手紙を送ってみましょう。

새 단어 新単語

그저께 おととい	가장 最も	작년 昨年
인형 人形	경복궁 景福宮(キョンボックン)	인사동 仁寺洞(インサドン)
사고팔다 売り買いする	족발 豚足	떠나다 去る
벌써 すでに	생각이 나다 思い出す	그립다 恋しい、懐かしい
소식 消息、ニュース	궁금하다 心配する	인사말 挨拶
떡볶이 トッポッキ		

>>> 자기 평가 自己評価

このレッスンの内容を理解できましたか？ 自分の韓国語を採点して、必要に応じて勉強し直しましょう。

評価事項	自分の採点
1. 手紙に関する表現を知っている	苦手　まあまあ　得意
2. 韓国語で封筒に住所を書ける	苦手　まあまあ　得意
3. 友人や先生に手紙を書ける	苦手　まあまあ　得意

レッスン　学校生活

19 학교 생활

●●● 目標

学校と寮での寝食に関する表現を使って学校のガイドを書けるようにする

- 課題：寮のガイドを書く。学校生活の告知を書く。学校の宿泊設備を紹介する
- ボキャブラリー：寮の設備、学校の設備、その他の表現
- 文法：-(으)면 되다, -(으)ㄹ 수 있다/없다
- 文化：韓国人の大学生の下宿生活

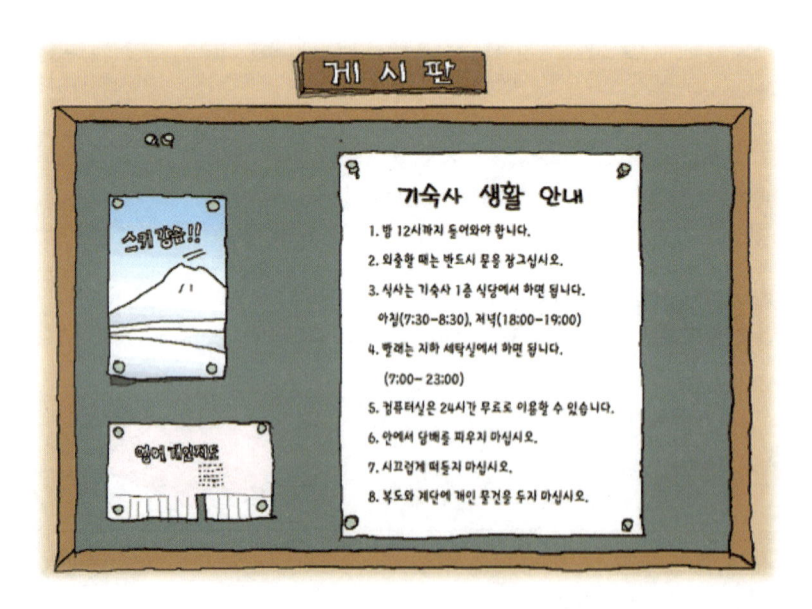

>>> **들어가기** 導入

- ここはどこでしょう？これは何でしょう？何が書かれていますか？
- あなたの学校の寮にはどんな設備がありますか？

学校生活 **학교 생활**

>>> **예시 글** 例文

기숙사 생활 안내

1. 밤 12시까지 들어와야 합니다.
2. 외출할 때는 반드시 문을 잠그십시오.
3. 식사는 기숙사 1층 식당에서 하면 됩니다.
   아침(7:30~8:30), 저녁(18:00~19:00)
4. 빨래는 지하 세탁실에서 하면 됩니다.
   (7:00~23:00)
5. 컴퓨터 실은 24시간 무료로 이용할 수 있습니다.
6. 실내에서 담배를 피우지 마십시오.
7. 시끄럽게 떠들지 마십시오.
8. 복도와 계단에 개인 물건을 두지 마십시오.

새 단어 新単語

생활 生活	안내 案内	외출하다 外出する
반드시 必ず	잠그다 鍵を閉める	식사 食事
―면 되다 ～できる	빨래 洗濯する	지하 地下
세탁실 洗濯室	컴퓨터실 コンピューター室	무료 無料
이용하다 利用する	―ㄹ 수 있다 ～できる	떠들다 騒ぐ
복도 廊下	계단 階段	개인 個人
물건 品物、物件	두다 置く	

>>> **어휘 및 표현** ボキャブラリーと表現

学校の設備を表す表現を覚えましょう。

1 기숙사 시설(寄宿舎の施設)

기숙사 寄宿舎、寮　　　　휴게실 休憩室
컴퓨터실 コンピューター室　세탁실 洗濯室
샤워실 シャワー室　　　　부엌 台所
복도 廊下　　　　　　　　계단 階段
관리실 管理室

연습 (練習)

下は寮の絵です。空欄に施設の正しい名前を書きましょう。

1) _____ 2) _____
3) _____ 4) _____
5) _____ 6) _____

2 학교 시설 (学校の施設)

본관 本館 도서관 図書館
학생회관 学生会館 강당 講堂
강의실 講義室、教室 매점 売店
체육관 体育館 동아리방 クラブルーム
연구실 研究室 사무실 事務室
복사실 コピー室

연습 (練習)

下のリストから正しい場所の名前を選び、空欄を埋めましょう。

> 보기 도서관, 학생 회관, 강당, 매점, 강의실, 사무실, 연구실, 체육관

1) 수업이 끝난 후에 교수님의 _____로/으로 오십시오.
2) 수업을 어느 _____에서 합니까?
3) _____에 학생 식당과 동아리방이 있습니다.
4) 어제 _____에서 책을 빌렸습니다.
5) _____에서 주스를 샀습니다.
6) 수업이 끝난 후에 _____에 가서 운동을 합니다.

3 기타 표현(その他の表現)

떠들다 騒ぐ
문을 잠그다 ドアに鍵をかける
외출하다 外出する
세탁하다 洗濯する
쓰레기를 버리다 ゴミを捨てる
이용하다 利用する
담배를 피우다 煙草を吸う
휴대 전화를 사용하다 携帯電話を使用する

연습 (練習)

下のリストにあるボキャブラリーを使って空欄を埋めましょう。

1) 어젯밤에 밖에서 사람들이 _____ 잠을 잘 못 잤어요.
2) _____ 후에는 빨래를 꼭 가지고 가십시오.
3) _____ 때에는 문을 꼭 잠그십시오.
4) 누가 여기에 쓰레기를 _____?
5) 컴퓨터를 사용하실 때는 6층 컴퓨터실을 _____

>>> 문법 文法

1 -(으)면 되다

-으면 되다は動詞語幹の後に来て、何かをする方法や必要性を表します。つまり、AはB하면 됩니다は、「AはBによってできる」という意味になります。もしその動詞語幹が母音かㄹで終わるときには、-면 되다を使い、-으면 되다以外の子音で終わるときにはㄹを使います。

빨래는 세탁실에서 하면 됩니다.
洗濯は洗濯室でできます。

수미 씨한테 전화를 걸면 됩니다.
아침은 아홉 시까지 먹으면 됩니다.
이 문제를 누구에게 이야기하면 됩니까?

연습 (練習)

例にならって-으면 되다のパターンを使って文を完成させましょう。

> 보기 남대문 시장에 **버스를 타고 가면 됩니다**.

1) 컴퓨터는 컴퓨터실에서 _____
2) 책을 빌릴 때 학생증을 _____
3) 내일은 수업이 없습니다. 그래서 11시까지 _____
4) _____
   머리가 아플 때는 이 약을 _____

2 -(으)ㄹ 수 있다/없다

-을 수 있다/없다는 動詞語幹の後につき、能力、可能性、許可を表します。-을 수 있다は「できる」、-을 수 없다は「できない」という意味になります。母音か-ㄹ 수 있다/없다で終わる動詞語幹の後ではㄹを使い、ㄹ以外の子音で終わる語幹の後では-을 수 있다/없다を使いましょう。-ㄹ 수 있다/없다がㄹで終わる動詞語幹につくときには、ㄹがなくなることに注意しましょう。

나는 자전거를 탈 수 있습니다.
그렇지만 지금은 다리가 아파서 자전거를 탈 수 없습니다.

저녁 일곱 시까지 도서관에서 책을 빌릴 수 있습니다.
夜7時まで図書館で本を借りることができます。

이 전화로 국제 전화를 걸 수 있습니다.
저는 운전을 할 수 있습니다.
이 노래를 부를 수 없습니다.

연습 (練習)

−을 수 있다/없다のパターンを使い、文を完成させましょう。

1) 일 년 전에는 한국말을 몰랐습니다.
   그렇지만 지금은 _____

2) 여기에는 컴퓨터가 없습니다.
   6층에 있는 컴퓨터실에서 컴퓨터를 _____

3) 배가 많이 아픕니다.
   그래서 밥을 _____

4) 휴게실에 텔레비전이 있습니다.
   텔레비전은 휴게실에서 _____

>>> 과제 課題

1 과제 1 (課題 1)

쓰기 전 (書く前に) あなたは寮に住んでいますか？ あなたの学校の寮はどのようなものでしょうか？ どのような設備がありますか？ そこではどんなことができますか？ それらの設備は何時まで利用できますか？ クラスメートと調べてみましょう。

学校生活 **학교 생활**

쓰기（書いてみよう） メモをもとに、規約のリストを作りましょう。

기숙사 생활 안내

쓰고 나서（書いた後に） 自分の書いたものをクラスメートのものと比べましょう。

2 과제 2 (課題 2)

쓰기 전 (書く前に) あなたの学校に新入生が入って来ました。あなたは学校の規則と生活についてアドバイスしたいと考えています。どのようなアドバイスとガイドができるかクラスメートと話し合い、メモを取りましょう。

쓰기 (書いてみよう) そのメモをもとに、学校生活に関するガイドを書きましょう。

학교 생활 안내

学校生活 **학교 생활**

쓰고 나서（書いた後に）あなたの学校のクラスメートの発表を聞き、何かつけ足すことがあれば言いましょう。

3 과제 3（課題 3）

쓰기 전（書く前に）あなたの韓国人の友人があなたの学校に編入しようとしています。どんな施設があり、その人がそこで何ができるか教えましょう。まず自分のクラスメートと話し合い、メモを取りましょう。

시설	할 수 있는 것

쓰기（書いてみよう）そのメモを使い、韓国人の友達にあなたの学校での生活についての手紙を書きましょう。

쓰고 나서 (書いた後に) 上の手紙を読み直し、それを韓国人の友人に送りましょう。もし必要があれば書き直しましょう。

새 단어 新単語

빨래 洗濯	문제 問題	컴퓨터 コンピューター
빌리다 借りる	학생증 学生証	학생 식당 学生食堂
복사 コピー、複写	국제 전화 国際電話	
모르다 分からない、知らない		

>>> 자기 평가 自己評価

このレッスンの内容を理解できましたか？ 自分の韓国語を採点して、必要に応じて勉強し直しましょう。

評価事項	自分の採点
1. 寮生活に関係するボキャブラリーを知っている	苦手　まあまあ　得意
2. 学校生活に関係するボキャブラリーを知っている	苦手　まあまあ　得意
3. 寮や学校の設備を利用するためのガイドを書ける	苦手　まあまあ　得意
4. 自分の学校のガイドが書ける	苦手　まあまあ　得意

>>> 문화 (文化)：韓国の大学生の下宿生活

特別のことがない限り、韓国の大学生は両親と一緒に暮らします。韓国では大学生が両親と暮らすことは、独立心の欠如とはみなされません。それは両親に対する敬意を示す方法の一つなのです。ですが、遠方の大学に通う場合や、何かの事情があり自宅から通学できない場合は、彼らは寮や下宿などに暮らします。韓国には下宿屋または고시원(考試院)と呼ばれる独特のアパート施設があります。下宿屋は、自分の家のように女将さんが朝食と夕食を出してくれます。しかし、多くの学生は寄宿舎で暮らしています。その様子は普通の家とは違っています。一方、考試院は、もともと大事な試験(主に公務員試験)に備えるための住居空間を指して命名されたのですが、学生のためのアパートも兼ねています。

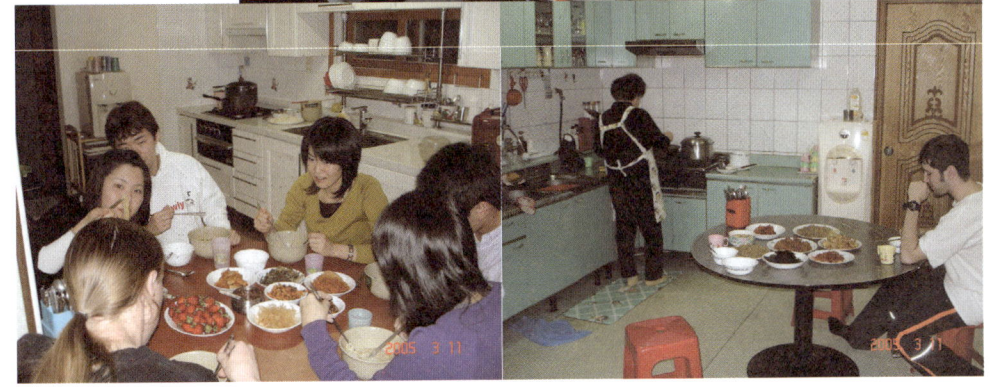

| レッスン 20 | 案内・広告
안내 · 광고 |

••• 目標

関連する表現を使って告示や宣伝を行う

- 課題：公演発表のプランニングを行い、宣伝をする。視聴覚室での告知をする。公演発表の招待状を出す
- ボキャブラリー：告知や宣伝に関係するボキャブラリー、公演発表に関係する表現、公共の講堂でのエチケットに関する表現
- 文法：-아/어/여 주다, -(으)면 안 되다
- 文化：サムルノリとナンタ

>>> 들어가기 導入

- 上の文章にはどのような情報が書かれていますか？ あなたがこのような文章を読むときには、まずどのような情報を探しますか？
- あなたは公演のためにポスターを作ったり、広告をしたことがありますか？

>>> 예시 글 例文

난타

날짜 : 2008년 5월 20일 토요일
시간 : 3:00~4:30
장소 : 난타 극장
요금 : 어른 30,000원 | 청소년 15,000원
*주의 사항 : 공연 시간 30분 전까지 입장해 주십시오. 그리고 극장에 음식을 가지고 오면 안 됩니다.

문의 : 02-739-8288(http://www.nanta.co.kr)

새 단어 新単語

광고 広告	난타 ナンタ(無声の舞台劇の一種)	
날짜 日付	요금 料金	어른 大人
청소년 青少年	주의 사항 注意事項	공연 公演
입장하다 入場する	가지고 오다 持ち込む, 持って来る	문의 問い合わせ

>>> 어휘 및 표현 ボキャブラリーと表現

告知や宣伝に関する表現を覚えましょう。

1 안내 · 광고 관련 어휘(案内や広告に関するボキャブラリー)

날짜 日付	시간 時間
장소 場所	요금 料金
입장료 入場料	표 チケット
입장권 入場券	무료 無料
할인 割引	어른/성인 大人／成人
어린이 子供	청소년 青少年
단체 団体	주의 사항 注意事項

연습 (練習)

下のリストから適切な表現を選び、それを使って空欄を埋めましょう。

> 보기　할인, 장소, 시간, 날짜, 요금, 무료, 어른, 주의 사항, 단체

1) 공연 _____는 5월 20일입니다.

2) _____은 10,000원입니다.

3) 공연 _____는 대학 극장입니다.

4) 청소년은 7,000원이고, _____은 10,000원입니다.

5) 공연을 볼 때 _____을 꼭 지켜 주십시오.

6) 20명 이상 _____는 10% 할인이 됩니다.

2 공연 관련 표현(公演発表に関する表現)

요금을 내다 料金を払う
표를 사다 チケットを買う
문의하다 問い合わせる
취소하다 取り消す、キャンセルする
예매하다 前売りする、前売りを買う
매진되다 売り切れる
공연하다 公演する
전시하다 展示する
감상하다 鑑賞する

연습 (練習)

日本語とそれに対応する韓国語を結びましょう。

1) 料金を払う　　　　　　　　　㉮ 예매하다

2) 前売りする　　　　　　　　　㉯ 매진되다

3) チケットを買う　　　　　　　㉰ 표를 사다

4) 売り切れる　　　　　　　　　㉱ 문의하다

5) 鑑賞する　　　　　　　　　　㉲ 요금을 내다

6) 問い合わせる　　　　　　　　㉳ 감상하다

3 공연 관람 예절 관련 표현
（公演の観覧でのエチケットに関する表現）

휴대 전화를 사용하다　携帯電話を使用する
휴대 전화를 끄다*　携帯電話を切る
조용히 하다　静かにする
떠들다*　騒ぐ
담배를 피우다　煙草を吸う
사진을 찍다　写真を撮る
음식을 가지고 들어가다　食べ物を持ち込む(持って入る)
아이를 데리고 오다　子供を連れて来る
동물을 데리고 오다　動物を連れて来る
만지다/손을 대다　触る／手を触れる

- 끄다は不規則変化します。語幹が母音につくときは―がなくなり、끄다が꺼요, 껐습니다となります。
- 떠들다は不規則変化します。語幹がㄴ,ㅂ,ㅅ,ㄹにつくときは、떠드는 사람がなくなり、떠듭니다となります。

🖊 연습 (練習)

日本語を対応する韓国語と結びましょう。

1) 触る　　　　　　●　　　　　●　㉮ 휴대 전화를 끄다

2) 騒ぐ　　　　　　●　　　　　●　㉯ 사진을 찍다

3) 写真を撮る　　　●　　　　　●　㉰ 떠들다

4) 静かにする　　　●　　　　　●　㉱ 담배를 피우다

5) 煙草を吸う　　　●　　　　　●　㉲ 손을 대다

6) 携帯電話を切る　●　　　　　●　㉳ 조용히 하다

>>> 문법 文法

1 -아/어/여 주다

-어 주다は動詞の後で用いられ、その文章の主語が他の人のために何かをするということを表します。動詞の語幹がㅏ,ㅗ以外の하다で終わるときには-아 주다が使われます。その他の場合は-어 주다を使います。もし動詞の語幹が하다で終わるときには、-여 주다がつきますが、해 주다と略されます。

어머니가 저한테 생일 선물을 사 주었습니다.
お母さんが誕生日プレゼントを買ってくれました。

친구가 나에게 책을 빌려 주었습니다.
졸업식에는 부모님이 와 주실 것입니다.
휴대 전화를 꺼 주십시오.
죄송하지만 이 가방을 좀 들어 주십시오.
공연 30분 전까지 입장해 주십시오.

연습 1(練習 1)

何かを丁寧に頼むときには-아/어/여 주십시오を使います。例にならって文を書きましょう。

> 보기   8시까지 오다 → **8시까지 와 주십시오**.

1) 이 일을 하다 → _____

2) 공연 30분 전에 들어가다
   → _____

3) 내일 아침에 일찍 전화하다
   → _____

4) 사진을 보이다 → _____

5) 전화번호를 가르치다 → _____

6) 책을 빌리다 → _____

연습 2 (練習 2)

括弧内の言葉とハングルのパターンを使って空欄を埋めましょう。

> 보기 일이 많습니다.
> 친구가 같이 **해 줘서** 일찍 끝났습니다. (하다)

1) 지난주에 제 졸업식이 있었습니다.

   친구들이 많이 _____. (오다)

2) 아이에게 가방이 필요합니다.

   그래서 내일 아이에게 가방을 _____. (사다)

3) 오늘 무슨 일이 있었습니까?

   저에게 이야기를 _____. (하다)

4) 우리 선생님은 우리에게 한국어를 열심히 _____
   _____. (가르치다)

5) 약속을 잊어버렸습니다. 그렇지만 친구가 _____
   만날 수 있었습니다. (전화하다)

6) 친구가 돈을 _____ 책을 살 수 있었습니다.
   (빌리다)

案内・広告 안내・광고

2 -(으)면 안 되다

-으면 안 되다는 動詞語幹につき、ある行動が禁止されていることを表します。動詞の語幹がㄹか母音で終わるときには-면 안 되다が使われ、ㄹ以外の子音で終わるときには-으면 안 되다が使われます。

실내에서 담배를 피우면 안 됩니다.
　室内で煙草を吸ってはいけません。

극장에서 휴대 전화를 사용하면 안 됩니다.
박물관에서 사진을 찍으면 안 됩니다.
도서관에서 떠들면 안 됩니다.

연습 (練習)

例にならい、絵を見ながら-으면 안 됩니다のパターンを使って、文を書きましょう。

보기

앉으면 안 됩니다.

1)

2)

295

3)

4)

5)

6)

>>> **과제** 課題

1 과제 1 (課題 1)

쓰기 전 (書く前に) 私たちは学期末の演劇を催そうとしています。どのような演劇を発表するかクラスメートと話し合いましょう。またどのような情報を告知に載せるべきか話し合いましょう。

공연 종류	제 목	날 짜
시 간	장 소	입장료

쓰기（書いてみよう） 前ページで話し合った情報をもとに、その演劇の宣伝文を書きましょう。

쓰고 나서（書いた後に） 教室にその宣伝文を貼り、クラスメートはどのような演劇をするのかチェックしましょう。

2 과제 2（課題 2）

쓰기 전（書く前に） 公共の講堂でのエチケットについてクラスメートと話し合いましょう。

쓰기（書いてみよう） 講堂では、観衆が快適な環境で公演を楽しめるように注意しなければなりません。−아/어/여 주다と−으면 안 되다のパターンを使い、講堂で守らなければならない公共のエチケットのリストを書きましょう。

쓰고 나서 (書いた後に) 自分が書いたものをクラスメートのものと比べてみましょう。

3 과제 3 (課題 3)

쓰기 전 (書く前に) これは何でしょう? どのような情報が書いてありますか? クラスメートと話し合いましょう。

아름다운 음악의 세계에 여러분을 초대합니다.

저희 '아름다운 소리' 모임에서 크리스마스 기념 음악회를 합니다. 저희들의 음악회에 오셔서 아름다운 음악을 함께 들어 주십시오. 시간과 장소는 다음과 같습니다.

시간 : 늦은 저녁 6시 반
장소 : 한국대학교 콘서트홀

*공연은 무료입니다.

쓰기 (書いてみよう) 課題1で企画した公演の招待状を友人に送りましょう。

초대합니다

쓰고 나서 (書いた後に) 招待状をクラスメートに見せ、彼らを自分の演劇に招待しましょう。

새 단어 新単語

-한테 (誰か)に	졸업식 卒業式	부모님 ご両親
들다 持つ	보이다 見せる	지난주 先週
아이 子供	필요하다 必要だ	열심히 熱心に
실내 室内	세계 世界	초대하다 招待する
소리 音	모임 集まり	크리스마스 クリスマス
기념 記念	음악회 音楽会、コンサート	콘서트 홀 コンサートホール

>>> 문화（文化）：サムルノリとナンタ

「サムルノリ」は韓国に伝わる4種類の民俗楽器(북=鼓、장고=杖鼓、징=銅鑼、꽹과리=鉦)によって演奏される音楽を指し、また、そういった種類の音楽によって構成された舞台芸術の名前でもあります。この音楽と舞台芸術は1978年に、農民風の民俗音楽を演奏する「サムルノリ」というグループによって初めて紹介されました。「サムルノリ」は屋外で演奏されていた音楽を屋内での舞台芸術にアレンジしたのです。「サムルノリ」は伝統的な民俗音楽とエキサイティングなビートをかけ合わせ、後にはワールドミュージックにもその範疇を広げ、世界的な評価を獲得しました。

「ナンタ」は「乱打」と漢字で表現できます。この舞台は1997年に始まり、「サムルノリ」と西洋の舞台のスタイルをかけ合わせたものです。4人のコックが結婚式のための料理を用意しているキッチンが舞台です。コックたちは鉢やフライパンやお皿といった様ざまな器具を使ってサムルノリを演奏します。その舞台では、サムルノリのリズムと、太古のリズムに焦点が当てられています。しかし、その一方でナンタには中心となるプロットとドラマがあり、あらゆる年齢層の人びとがその公演を楽しめます。

案内・広告 **안내 · 광고**

>>> **자기 평가** 自己評価

このレッスンの内容を理解できましたか？ 自分の韓国語を採点して、必要に応じて勉強し直しましょう。

評価事項	自分の採点
1. 舞台発表に関係する表現を知っている	苦手　まあまあ　得意
2. -어 주다と-으면 안 되다を知っている	苦手　まあまあ　得意
3. 公衆のエチケットのガイダンスができる	苦手　まあまあ　得意
4. 舞台発表の招待状や告示を書くことができる	苦手　まあまあ　得意

正解

ハングルを覚える

5.2-2. 1) 소 2) 혀 3) 나 4) 그 5) 코 6) 더 7) 도시 8) 치마 9) 투수 10) 모자

レッスン01 자기소개 自己紹介

[ボキャブラリーと表現]

1-1. 안녕하십니까., 안녕하십니까.(안녕하세요., 안녕하세요.)

2-1. 1) 영국 2) 러시아 3) 중국 4) 이집트 5) 일본 6) 호주 7) 미국 8) 브라질 9) 캐나다 10) 독일

3-1. 1) 중국 2) 사람 3) 호주 사람

4-1. 1) 학생 2) 선생님 3) 회사원

[文法]

1-1. 1) 저는 김수미입니다. 2) 저는 왕샤오칭입니다. 3) 저는 마이클 프린스입니다. 4) 저는 수잔 브링크입니다.

1-2. 1) 저는 캐나다 사람입니다. 2) 저는 호주 사람입니다. 3) 저는 독일 사람입니다. 4) 저는 중국 사람입니다.

1-3. 1) 저는 학생입니다. 2) 저는 의사입니다. 3) 저는 회사원입니다. 4) 저는 선생님입니다.

1-4. 1) 저는 장원량입니다. (저는) 중국 사람입니다. (저는) 의사입니다. 2) 저는 김민수입니다. (저는) 한국 사람입니다. (저는) 학생입니다. 3) 저는 수잔 오커너입니다. (저는) 미국 사람입니다. (저는) 공무원입니다.

レッスン02 위치 位置

[ボキャブラリーと表現]

1-1. 1) 우산 2) 전화 3) 가방 4) 침대 5) 시계 6) 책

2-1. 1) 병원 2) 학교(교실) 3) 방 4) 우체국 5) 식당 6) 가게

[文法]

1-1. 1) 가 2) 이 3) 이 4) 가 5) 가 6) 이

1-2. 1) 모자가 있습니다. 2) 옷이 없습니다. 3) 책상이 있습니다.(의자가 있습니다.) 4) 전화가 없습니다. 5) 연필이 있습니다. 6) 시계가 없습니다.

2-1. 1) 식당에 있습니다. 2) 은행에 있습니다. 3) 방에 있습니다. 4) 병원에 있습니다.

2-2. 1) 방에 침대가 있습니다. 2) 책이 가방에 있습니다. 3) 우산이 교실에 있습니다. 4) 학교에 선생님이 있습니다.

2-3. 1) 책이 가방에 있습니다.(가방에 책이 있습니다.) 2) 텔레비전이 방에 있습니다.(방에 텔레비전이 있습니다.) 3) 연필이 책상에 있습니다.(책상에 연필이 있습니다.) 4) 모자가 침대에 있습니다.(침대에 모자가 있습니다.)

[課題]

1-쓰기 전. 침대, 책상, 모자, 옷, 책, 우산

1-쓰기. 방에 우산이 있습니다. 가방이 없습니다. 방에 의자가 있습니다. 책이 있습니다. 그리고 침대가 있습니다. 방에 모자가 있습니다. 방에 전화가 없습니다. 그리고 방에 옷이 있습니다.

2-쓰기 전. 칠판-교실, 선생님-교실, 학생-교실, 책상-교실, 의자-교실, 가방-교실, 시계-교실, 책-책상(교실)

2-쓰기. 칠판이 교실에 있습니다. 선생님이 교실에 있습니다. 학생이 있습니다. 그리고 책상이 교실에 있습니다. 의자가 있습니다. 그리고 교실에 가방이 있습니다. 시계가 있습니다. 그리고 책이 책상(교실)에 있습니다.

레슨03 동작 動作

[ボキャブラリーと表現]

1-1.1) 보다 2) 먹다 3) 마시다 4) 듣다 5) 만나다 6) 읽다

2-1.1) 신문 2) 밥 3) 물 4) 운동 5) 영화 6) 편지

[文法]

1-1. 1) 잡니다., 잡니까? 2) 마십니다., 마십니까? 3) 만납니다., 만납니까? 4) 읽습니다., 읽습니까? 5) 봅니다., 봅니까? 6) 받습니다., 받습니까?

1-2. 1) 잡니까?., 아니요, 삽니다. 2) 만납니까?., 네, 만납니다. 3) 읽습니까?, 네, 읽습니다. 4) 입습니까?, 네, 입습니다.

2-1.1) 을 2) 를 3) 을 4) 를

2-2.1) 음악을 듣습니다. 2) 무엇을 합니까? 3) 영화를 봅니까? 아니요, 책을 읽습니다. 4) 영화를 봅니까?

3-1.1) 은 2) 는 3) 은 4) 은

3-2.1) 선생님은, 선생님은 신문을 봅니다. 2) 동생은, 동생은 3) 마이클 씨는, 마이클 씨는 음악을 듣습니다. 4) 수진 씨는 운동을 합니까?, 수진 씨는 운동을 합니다.

[課題]

2-쓰기. 나는 편지를 씁니다. 마그다 씨는 요리를 합니다. 존슨 씨는 운동을 합니다. 그리고 동생은 음악을 듣습니다.

3-쓰기. 린다 씨는 식당에 있습니다. (린다 씨는) 밥을 먹습니다. 마이클 씨는 우체국에 있습니다. (마이클 씨는) 편지를 보냅니다. 수미 씨는 학교에 있습니다. (수미 씨는) 공부를 합니다. 샤오칭 씨는 수영장에 있습니다. (샤오칭 씨는) 수영을 합니다.

레슨04 시간 時間·時刻

[ボキャブラリーと表現]

1-1.1) 운동합니다. 2) 공부합니다. 3) 회사에 갑니다. 4) 일합니다. 5) 잡니다. 6) 일어납니다.

2-1.1) 삼 2) 삼십일 3) 팔 4) 십구 5) 십사 6) 오십 7) 이십 8) 칠

3-1. 셋, 넷, 여섯, 일곱, 아홉, 열, 열둘, 열셋, 열다섯, 열일곱, 열여덟, 열아홉

4-1.1) 두 시 오분입니다. 2) 세 시 이십일 분입니다. 3) 일곱 시 삼십 분입니다. 4) 열한 시 사십오 분입니다.

5-1.1) 오늘, 내일 2) 아침, 저녁 3) 오전 4) 밤

[文法]

1-1.1) 에 2) × 3) × 4) × 5) × 6) 에

1-2.1) 일곱 시에 운동을 합니다. 2) 여덟 시 십오 분에 회사에 갑니다. 3) 오후에 친구를 만납니다. 4) 오늘 병원에 갑니다.

2-1. 1) 한국에 갑니다. 2) 회사에 갑니다. 3) 병원에 갑니다. 4) 집에 갑니다.
2-2. 1) 우체국에 갑니다. 2) 회사에 갑니다. 3) 병원에 갑니다. 4) 학교에 갑니다.

[課題]
1-쓰기. 아홉 시 삼십 분에 공부합니다. 열두 시에 준호 씨를 만납니다. 오후 한 시 반(삼십 분)에 은행에 갑니다. 세 시 사십오 분에 집에 갑니다.
2-쓰기. 박준호 씨는 아침 여섯 시 반(삼십 분)에 일어납니다. 여덟 시에 밥(아침)을 먹습니다. 그리고 여덟 시 반(삼십 분)에 회사에 갑니다. 오전에 일합니다. 그리고 오후 세 시 반(삼십 분)에 쉽니다. 그리고 여섯 시에 집에 갑니다. 저녁(밤)에 텔레비전을 봅니다. 그리고 밤 열한 시에 잡니다.

2-2. 1) 영화를 봤습니까?, 아니요, 산책을 했습니다. 2) 음악을 들었습니까?, 아니요, 여행을 했습니다. 3) 책을 읽었습니까?, 아니요, 운동을 했습니다. 4) 친구를 만났습니까?, 아니요, 텔레비전을 봤습니다.
3-1. 1) 집에서 쉽니다.(공부합니다, 잡니다) 2) 백화점에서 쇼핑을 합니다. 3) 운동장에서 운동을 합니다. 4) 극장에서 영화를 봅니다.

[課題]
1-쓰기 전. 1) 도서관, 야구장, 커피숍, 집
1-쓰기. 김진수 씨는 도서관에 갔습니다. 도서관에서 친구를 만났습니다. 그리고 야구장에 갔습니다. 야구장에서 야구를 봤습니다. 그리고 커피숍에 갔습니다. 커피숍에서 책을 읽었습니다. 그리고 집에 왔습니다. 집에서 텔레비전을 봤습니다.

レッスン05 주말 활동 週末の活動

[ボキャブラリーと表現]
1-1. 1) 산 2) 극장 3) 백화점 4) 바다 5) 야구장 6) 박물관
2-1. 1) 청소를 합니다. 2) 빨래를 합니다. 3) 영화를(텔레비전을) 봅니다. 4) 책을 읽습니다. 5) 음악을 듣습니다. 6) 쇼핑을 합니다.

[文法]
1-1. 1) 쉬었습니다 2) 공부했습니다 3) 왔습니다 4) 놀았습니다 5) 여행했습니다 6) 읽었습니다
2-1. 1) 영화를 봤습니까? 2) 공부를 했습니까? 3) 학교에 갔습니까? 4) 친구와 놀았습니까? 5) 커피를 마셨습니까?

レッスン06 물건 사기 買い物

[ボキャブラリーと表現]
1-1. 1) 우유 2) 과자 3) 볼펜 4) 콜라 5) 빵 6) 노트
2-1. 1) 포도 2) 사과 3) 배 4) 딸기 5) 오렌지 6) 복숭아
3-1. 1) 이백 2) 천오백 3) 사만 이십 4) 삼천칠백십 5) 육십만 칠백 6) 구백이십
3-2. 1) 삼천 원입니다. 2) 백오십 원입니다. 3) 이천사백 원입니다. 4) 육만 칠천오십 원입니다. 5) 십만 천 원입니다. 6) 팔만 이천사백 원입니다.

[文法]
1-1. 1) 네 병, 콜라 네 병 2) 한 권, 책 한 권 3) 두 장, 종이 두 장 4) 세 잔, 커피 세 잔

1-2. 1) 물 한 잔이 있습니다. 2) 오렌지 네 개가 있습니다. 3) 책 세 권이 있습니다. 4) 콜라 두 병이 있습니다.

2-1. 1) 책과 볼펜을 2) 포도와 복숭아를 3) 빵과 주스를 4) 컴퓨터와 책이

3-1. 1) 아니요, 친구를 안 만납니다. 2) 아니요, 밥을 안 먹었습니다. 3) 아니요, 빵이 안 비쌉니다. 4) 아니요, 공부를 안 합니다.

4-1. 1) 빵을 먹고 싶습니다. 2) 영화를 보고 싶습니다. 3) 공부를 하고 싶습니다.(책을 읽고 싶습니다.) 4) 운동을 하고 싶습니다.

[課題]

2-쓰기. 저는 오 월 십오 일에 슈퍼마켓에 갔습니다. 슈퍼마켓에서 빵 네 개와 우유 세 개를 샀습니다. 그리고 과일도 샀습니다. 사과와 배를 샀습니다. 사과를 열 개 샀습니다. 그리고 주스를 두 병 샀습니다. 모두 만 육천사백원이었습니다.

レッスン07 계획·약속 計画·約束

[ボキャブラリーと表現]

1-1. 1) 일 월 2) 사 월 3) 유 월 4) 구 월 5) 시 월 6) 십일 월

2-1. 1) 사 월 십이 일입니다. 2) 유 월 육 일입니다. 3) 시 월 칠 일입니다. 4) 십일 월 일 일입니다.

3-1. 월요일, 화요일, 수요일, 목요일, 금요일, 토요일

4-1. 1) 오늘 열 시 2) 내일 밤 3) 수요일 오후 4) 수요일 열 시

4-2.

[文法]

1-1. 1) 친구를 만날 것입니다. 2) 영화를 볼 것입니다. 3) 등산을 할 것입니다. 4) 그래서 오늘은 공부를 할 것입니다.

1-2. 1) 수미 씨는 어제 잤습니다. 2) 엉진 씨는 지금 밥을 먹습니다. 3) 일요일에 친구를 만날 것것입니다. 4) 마이클 씨는 지금 책을 읽습니다.

2-1. 1) 다섯 시에 만납시다. 2) 빵을 먹읍시다. 3) 네, 책을 읽읍시다. 4) 아니요, 테니스를 칩시다.

3-1. 1) 여행을 하기로 했습니다. 2) 만나기로 했습니다. 3) 영화를 안 보기로 했습니다. 4) 열심히 공부하기로 했습니다.

[課題]

1-쓰기. 오늘은 오 월 오 일 수요일입니다. 마이클 씨는 어제 영호 씨를 만났습니다. 다섯 시 반에 학교 앞에서 만났습니다. 오월 삼 일 월요일에는 서점에 갔습니다. 서점에서 책을 샀습니다. 그리고 내일은 아침 여덟 시에 이호진 씨를 만나기로 했습니다. 같이 수영을 할 것입니다. 그리고 오 월 칠 일은 통가 씨의 생일입니다. 그래서 여섯 시 반에 생일 파티가 있습니다. 마이클 씨는 생일 파티에 갈 것입니다. 일요일에는 교코 씨를 만나기로 했습니다. 오후 두 시에 하나 커피숍에서 만나기로 했습니다.

レッスン12 장소 소개 場所の紹介

[ボキャブラリーと表現]
1-1. 1) 방이 넓습니다. 방이 좁습니다. 2) 건물이 높습니다. 건물이 낮습니다. 3) 머리가 깁니다. 머리가 짧습니다.
2-1. 1) 더럽습니다. 2) 많습니다. 3) 깨끗합니다. 4) 복잡합니다.

[文法]
1-1. 1) 나는 어제 백화점에 가서 옷을 샀습니다. 2) 내일 극장에 가고 서점에 갈 것입니다. 3) 진수 씨는 한국에 가서 한국어를 공부할 것입니다. 4) 저는 매일 테니스장에 가서 테니스를 칩니다.
2-1. 1) 전화를 받으십시오. 2) 커피를 드십시오. 3) 수미 씨에게 이야기하십시오. 4) 저는 매일 테니스장에 가서 테니스를 칩니다.
3-1. 1) 전화를 받으십시오. 2) 커피를 드십시오. 3) 수미 씨에게 이야기하십시오. 4) 서울에서 사십시오.
3-2. 1) 사지 마십시오. 2) 꼭 보십시오. 3) 오십시오.

[課題]
1-쓰기. [수미 씨의 방] 방이 넓고 깨끗합니다. 창문이 작습니다. 텔레비전이 큽니다. 책상이 큽니다. 책상에 책이 적습니다. [마이클 씨의 방] 방이 작고 더럽습니다. 창문이 큽니다. 텔레비전이 작습니다. 책상이 작습니다. 책상에 책이 많습니다.

レッスン13 건강 健康

[ボキャブラリーと表現]
1-1. 1) 머리 2) 눈 3) 입 4) 허리 5) 배 6) 손 7) 다리
2-1. 1) 기침을 합니다. 2) 눈이 아픕니다. 3) 콧물이 납니다. 4) 열이 납니다.
3-1. 1) 마 2) 사 3) 다 4) 바 5) 나 6) 라

[文法]
1-1. 1) 집에서 자야 합니다.(쉬어야 합니다.) 2) 약을 먹어야 합니다. 3) 숙제를 열심히 해야 합니다. 4) 돈을 벌어야 합니다.(아르바이트를 해야 합니다.)
2-1. 1) 열이 나지 않습니다. 2) 감기에 걸리지 않았습니다. 3) 어제 집에서 쉬지 않았습니다. 4) 기침이 나지 않습니다.

[課題]
1-쓰기. 나는 감기에 걸렸습니다. 열이 나고 기침을 많이 했습니다. 그래서 병원에 갔습니다. 그리고 약국에서 약을 샀습니다. 약을 먹고 집에서 푹 쉬었습니다.

レッスン14 교통수단 交通手段

[ボキャブラリーと表現]
1-1. 1) 배 2) 버스 3) 비행기 4) 택시 5) 자전거 6) 지하철
2-1. 1) 공항 2) 막혔습니다. 3) 걸립니다. 4) 타고

[文法]
1-1. 1) 에서, 까지   2) 부터, 까지 3) 에서, 까지 4) 부터, 까지

正解 정답

1-2. 1) 두 시 부터 다섯 시까지 텔레비전을 봅니다. 2) 서울에서 경주까지 다섯 시간 걸립니다. 3) 서울역에서 학교까지 지하철을 타고 갑니다. 4) 아침부터 밤까지 청소를 합니다.
2-1. 1) 비행기가 차보다 빠릅니다. 2) 공항보다 지하철역이 가깝습니다. 3) 오늘이 어제보다 시원합니다. 4) 민수 씨가 토마스 씨보다 키가 큽니다.

[課題]

2-쓰기. 학교에서 서울역까지 지하철을 타고 갑니다. 그리고 서울역에서 기차를 타고 수원역까지 갑니다. 수원역에서 삼십칠 번 버스로 갈아타고 한국민속촌에 갑니다. 시간은 한 시간 반쯤 걸립니다.(학교에서 버스를 타고 교대역까지 갑니다. 교대역에서 지하철을 타고 강남역까지 갑니다. 강남역에서 한국민속촌까지 천오백육십 번 버스를 타고 갑니다. 두 시간쯤 걸립니다.)

레슨15 여행 旅行

[ボキャブラリーと表現]

1-1. 1) 바다 2) 산 3) 폭포 4) 박물관 5) 동물원 6) 전망대
1-2. 1) 다 2) 마 3) 사 4) 바 5) 나 6) 가
1-3. 1) 아름답습니다.(아름다웠습니다.) 2) 맑고 3) 경치 4) 친절한 5) 볼 것

[文法]

1-1. 1) 한국 소설을 읽어 봤습니까?, 네, 읽어 봤습니다.(아니요, 안 읽어 봤습니다.) 2) 한국 음식을 먹어 봤습니까?, 네, 먹어 봤습니다.(아니요, 안 먹어 봤습니다.) 3) 한국 사람과 이야기를 해 봤습니까?, 네, 이야기를 해 봤습니다.(아니요, 이야기를 안 해 봤습니다.) 4) 한복을 입어 봤습니까?, 네, 한복을 입어 봤습니다.(아니요, 한복을 안 입어 봤습니다.)
1-2. 1) 김치를 먹어 보십시오. 2) 제주도에 가 보십시오. 3) 한국 소설을 읽어 보십시오. 4) 한국에서 여행을 해 보십시오.
2-1. 1) 저녁을 먹은 후에 운동을 합니다. 2) 수업이 끝난 후에 친구를 만납니다. 3) 책을 읽은 후에 텔레비전을 봅니다. 4) 전화를 건 후에 학교에 갑니다.
3-1. 1) 잠을 자기 전에 일기를 씁니다. 2) 학교에 가기 전에 운동을 합니다. 3) 텔레비전을 보기 전에 책을 읽습니다. 4) 친구를 만나기 전에 친구한테 전화를 겁니다.
3-2. 1) 아침을 먹기 전에 샤워를 했습니다. 2) 수영을 한 후에 식물원을 구경했습니다. 3) 아침을 먹은 후에 한라산을 구경했습니다.(쇼핑을 하기 전에 한라산을 구경했습니다.) 4) 점심을 먹은 후에 바다에 갔습니다.(식물원에 가기 전에 바다에 갔습니다.)

[課題]

2-쓰기. 교코 씨, 안녕하세요. 저는 지금 제주도에 있습니다. 저는 오늘 아침에 한라산에 갔습니다. 한라산에서 제주 시내를 봤습니다. 정말 아름다웠습니다. 그리고 친구들과 폭포 앞에서 사진도 찍었습니다. 폭포를 구경한 후에는 식물원에 갔습니다. 식물원은 아주 예뻤습니다. 호텔에 돌아오기 전에 식당에 갔습니다. 식당에서 제주도 음식을 먹었습니다. 정말 맛있었습니다. 교코 씨도 제주도에 꼭 한번 오십시오.

索引

ㄱ

2학년 2学年	41
3박4일 3泊4日	223
-가 ~が(主語を示す助詞)	43
가게 店	44
가끔 ときおり、ときどき	174
가르쳐 주시다 教えて下さる	168
가방 カバン	43
가운데 真ん中の	239
가을 秋	131
가장 最も	275
가족 家族	131
가지고 오다 持ち込む	289
간호사 看護師	202
갈아타다 乗り換える	213
감기에 걸리다 風邪をひく	199
감사 感謝	159
감사합니다. ありがとう	159
감상하다 鑑賞する	290
감정 感情	251
갔다 오다 行ってくる	184
강 川	224
강당 講堂室、教室	277
강의실 講義室	277
같이 一緒に	117
개 個	101
개 犬	260
개인 個人	277
거기 そこ	237
거의 안 ほとんど~ない	174
건강 健康	198
건강하다 健康だ	157
건물 建物	197
걷다 歩く	184
걸어서 가다 歩いて行く	211
-겠- 意図を示す挿入辞	159
겨울 冬	131
결혼식 結婚式	159
결혼하다 結婚する	237, 260
경복궁 景福宮(キョンボックン)	275
경주 慶州(キョンジュ)	219
경찰 警察	34
경치 景色	223
경치가 좋다 景色がよい	226
계단 階段	277
계속 継続、引き続き	209
계시다 いらっしゃる	147
계절 季節	131
계획 計画	117
-고 싶다 ~したい	101
-고 있다 ~している	263
-고 ~して	199
고등 학생 高校生	145
고맙습니다. ありがとう	161
골프를 치다 ゴルフをする	172
공기가 맑다 空気がきれいだ	226
공무원 公務員	34
공부하다 勉強する	71
공연 公演	289
공연하다 公演する	291

공원 公園	87		그저 그렇다 まあまあ	252
공항 空港	213		그저께 おととい	275
-과 ～と	101		극장 劇場	87
과일 果物	98		금요일 金曜日	119
과자 菓子	101		기념 記念	299
관리실 管理室	278		기다리다 待つ	184
광고 広告	289		-기로 하다 ～しようとする	117
괜찮습니다. だいじょうぶです	161		기분 気分	142
교실 教室	44		기분이 나쁘다 気分が悪い	252
교통 交通	211		기분이 좋다 気分がよい	252
구 월 9月	117		기쁘다 嬉しい	252
구 9	69		기숙사 寄宿舎、寮	55
구경을 하다 見物をする	225		기차 汽車	212
구경하다 見物する	188		기차역 鉄道の駅	213
구두 靴	241		기초 동사 基本動詞	55
국적 国籍	251		기침을 하다 咳をする	199
국제전화 国際電話	286		기침이 나다 咳が出る	209
궁금하다 心配する	275		기타를 치다 ギターをひく	171
권 巻	101		길 道、道路	197
귀 耳	199		길다 長い	188
귀엽다 かわいい	240		길이 막히다 道が混む、渋滞する	213
그 その	142		김치 キムチ	237
그 때 そのとき	159		-까지 ～まで	209
그래서 それで	87		깨끗하다 きれいだ、清潔だ	98
그러면 すると、そうしたら	251		-께서는 ～におかれましては	145
그런데 それから、ところで	43		꼭 しっかりと、必ず	157
그렇지만 そうではあるが	101		꽃이 피다 花が咲く	131
그리고 そして	55			
그림을 그리다 絵を描く	172			
그립다 恋しい、懐かしい	275			

모자 帽子	43, 241		반 半	71
목 首、喉	199		반갑습니다 嬉しいです	41
목요일 木曜日	119		반드시 必ず	277
몸 体	199		받다 受ける	69
못 動詞の前につき、不可能を表す	159		발 足	199
못생기다(못생겼습니다) みにくい(みにくかったです)	240		밤 夜	76, 219
			밥 ご飯	57
무료 無料	277		밥을 먹다 ご飯を食べる	71
무엇 何	69		방 部屋	43
무척 とても	131, 223		방법 方法	209
문을 잠그다 ドアに鍵をかける	280		방학(学校の)休暇	129
문의 問い合わせ	289		방학을 하다(学校の)休暇を過ごす	134
문의하다 問い合わせる	291		배 腹	199
문제 問題	286		배 梨	102
물 水	57		배 船	212
물건 사기 買い物	101		배우다 学ぶ	184
물건 品物、物件	277		백 百	99
뭘 何を	219		백화점 百貨店、デパート	87
미국 사람 米国人、アメリカ人	33		버스 정류장 バス停留所	213
미국 米国、アメリカ	32		버스 터미널 バスターミナル	213
미술관 美術館	224		버스 バス	211
미안합니다. ごめんなさい	161		벌써 すでに	275
민박을 하다 民泊にとまる	225		변호사 弁護士	34
민속촌 民俗村	223		별로 안 別にない	174
			병 瓶	101
			병원 病院	44
ㅂ			병이 낫다(나았습니다) 病気が治る	202
바다 海	87, 223		보내다 送る	264
바람이 불다(바람이 붑니다) 風が吹く	132		보내 주다 送って下さる	168
바지 パジ、ズボン	241		-보다 ～よりも	211
박물관 博物館	87		보다 見る	55
박수를 치다 拍手する	253		보여 주시다 見せて下さる	168

보이다 見せる	299		ㅅ	
보통 普通	87	사 월 4月		117
보통이다 普通だ	240	사 4		69
복도 廊下	277	사고팔다 売り買いする		275
복사 コピー、複写	286	사과 謝罪		159
복사실 複写室	279	사과 リンゴ		69
복숭아 桃	102	사다 買う		101
복잡하다 混雑する	188	사람들 人びと		142
복장 服装	239	사랑하다 愛する		157, 260
본관 本館	279	사무실 事務室		279
볼 것 見もの	223	사물 事物		43
볼 것이 많다. 見ものが多い	226	사용하다 使用する		237
볼펜 ボールペン	101	사장님 社長		157
봄 春	131	사진 写真		168
봅니다 見ます	55	사진을 찍다 写真を撮る		172
부모님 ご両親	299	사회학 社会学		41
부산 釜山(プサン)	219	산 山		87
부엌 キッチン、台所	278	살다 生きる、暮らす		129
분 分	175	삼 월 3月		117
불고기 プルコギ	197	삼 3		69
브라질 ブラジル	32	생각이 나다 思い出す		275
브라질 사람 ブラジル人	33	생각하다 思う、考える		251
비 雨	131	생년월일 誕生日		35
비가 오다 雨が降る	132	생활 生活		277
비싸다 高い	101	샤월실 シャワールーム		278
비행기 飛行機	212	샤워하다 シャワーを浴びる		237
빌려 주다 貸して下さる	168	서울 ソウル		129
빌리다 借りる	286	서울역 ソウル駅		219
빠르다 早い、速い	211, 219	선물 贈り物		157
빨래 洗濯	277, 286	선생님 先生		34
빨래하다 洗濯する	88	설악산 雲岳山(ソラクサン)		237
빵 パン	69	성별 性		35

여행을 하다 旅行をする	225	-와 ~と	87
여행하다 旅行する	88	와 보다 来てみる	223
역 駅	211	왕궁 王宮	237
연구실 研究室	279	왕치엔 ワン・チエン	31
연락하다 連絡する	263	왜 なぜ	142
연필 鉛筆	43	외국 外国	260
열 10	69	외롭다 さびしい	252
열심히 熱心に	299	외출하다 外出する	277
열이 나다 熱が出る	199	외할머니 母方のおばあさん(外祖母)	146
엽서 葉書	264	외할아버지 母方のおじいさん(外祖父)	146
영국 イギリス	32	요금 料金	289
영국 사람 イギリス人	33	요금을 내다 料金を払う	291
영수증 領収証	115	요리 料理	69
영화 映画	57	요리를 하다 料理をする	88
영화를 보다 映画を見る	88	요일 曜日	117
예매하다 前売りする、前売りを買う	291	요즘 最近	263
예쁘다 きれいだ	142	용모 容姿、容貌	239
예약을 하다 予約をする	225	우리 我われ	131
오 월 5月	117	우산 傘	43
오 5	69	우울하다 憂鬱だ	251
오늘 今日	76	우유 牛乳	69
오래 長い間	168	우체국 郵便局	44
오래간만에 久し振りに	260	우편번호 郵便番号	264
오래간만입니다. お久し振りです	156	우표 切手	264
오렌지 オレンジ	98	우표를 모으다 切手を集める	172
오빠 兄(妹が兄を言うとき)	146	운동 運動、スポーツ	57
오전 午前	71	운동을 하다 運動をする	71
오토바이 オートバイ	212	운동장 運動場	98
오후 午後	71	운동화 運動靴	241
온천 温泉	224	울다 泣く	253
올라가다 上る	219	웃다 笑う、微笑む	248
옷 服	43	원 ウォン	101

월 月	117	
월요일 月曜日	119	
위치 位置、場所	43	
유월 6月	117	
육 6	69	
−은 〜は(主語を表す助詞)	41, 69	
은행 銀行	44	
−을 〜を(対象を表す助詞)	55, 69	
−(으)ㄹ 것이다 〜だろう	117	
−(으)ㅂ시다 〜しましょう	117	
−(으)셨습니다 〜なさいました	145	
−(으)십니다 〜なさいます	145	
−(으)십시오 〜して下さい	188	
음식 食べ物	197	
음식을 가지고 들어가다 食べ物を持ち込む(持って入る)	292	
음악 音楽	55	
음악을 듣다 音楽を聞く	88	
음악회 音楽会、コンサート	299	
의사 医師、医者	34	
의자 椅子	43	
−이 〜が(主語を表す助詞)	43	
이 월 2月	117	
이 2	69	
−이/가 아프다 〜が痛い、病む、傷つく	200	
이기다 勝つ	260	
이런 このような	251	
이를 닦다 歯をみがく	184	
이름 名前	35	
이번 주 今週	209	
이야기를 하다 話をする	69	
이야기하다 話す	197	

이용하다 利用する	277, 280	
이집트 エジプト	32	
이집트 사람 エジプト人	33	
이태원 梨泰院(イテウォン)	211	
이틀 2日	175	
2학년 2学年	41	
인사 挨拶	31, 59	
인사동 仁寺洞(インサドン)	275	
인사말 挨拶	275	
인상적이다 印象的だ	223	
인형 人形	275	
일 월 1月	117	
일 日	117	
일 1	69	
일곱 7	69	
일과 日課	71	
일본 日本	32	
일본 사람 日本人	31	
일어나다 起きる	71	
일요일 日曜日	119	
일찍 早く	168	
일하다 仕事する、働く	71	
읽다 to 読む	55	
입 口	199	
−입니다 〜です	31	
입다 着る	55, 237	
입장권 入場券	290	
입장료 入場料	290	
입장하다 入場する	289	
있습니다 あります、存在します、います	43	
잊어버리다 忘れる	168	

ㅈ

자기소개 自己紹介	31
자다 眠る	69, 71
자전거 自転車	212
자전거를 타다 自転車に乗る	172
자주 しばしば	174
작년 昨年	145, 275
작다 小さい	188
잔 杯	101
잘 よく	159
잘생기다(잘생겼습니다) かっこいい	240
잘하다 うまくやる	129
잠그다 鍵を閉める	277
장 枚	101
장갑 手袋	241
장소 場所	188
재미있다 おもしろい	87
재킷 ジャケット	241
저 私	31
저녁 夜	76
저희 私の(謙譲表現)	168
저희 반 私たちのクラス(班)	239
적다 少し	189
전공 専攻	41
전망대 展望台	224
전시하다 展示する	291
전에 前に	145
전자우편 Eメール	264
전해주다 伝えてあげる	263
전혀 まったく～ない	174
전화 電話	43
점심 昼食	76, 117
점퍼 ジャンパー	241
젓가락 箸	237
정말 고맙습니다. どうもありがとうございます	159
정신이 없다 とても忙しい、気を取られている	159
제 わたくしの(謙譲語)	157
제일 第一、最も	171
제주도 済州島(チェジュド)	219
조금 少し	142
조용하다 静かだ	189
조용히 하다 静かにする	292
족발 豚足	275
졸업식 卒業式	299
좀 少し	168
좁다 狭い	188
종이 紙	101
좋다 よい	98
좋아지다 よくなる	251
좋아하다 好む	171
죄송합니다. ごめんなさい	157
주말 활동 週末の活動	87
주말 週末	87
주부 主婦	34, 157
주사를 맞다 注射を打つ	202
주소 住所	264
주스 ジュース	101
주의 사항 注意事項	289
주일 週日	171
죽다 死ぬ	260
중국 中国	32
중국 사람 中国人	33

중에서 中に、間に	171	
즐겁다 楽しい	87, 252	
－지 않다 〜でない	199	
지금 今	55	
지난 前の、先の、去る	87	
지난 주 先週	299	
지내다 過ごす	263	
－지만 〜だが	251	
지키다 守る	260	
지하 地下	277	
지하철 地下鉄	211	
지하철역 地下鉄の駅	213	
직업 職業	30	
집 家	44	
집에 오다 家に帰る(来る)	71	
짧다 短い	239	

ㅊ

차 車	212
착하다 正直だ、優しい	248
참다 耐える	253
책 本	43
책상 机	43
책을 읽다 本を読む	88
처음 初めて	223
천 千	99
청소년 青少年	289
체육관 体育館	279
초대하다 招待する	299
축구를 하다 サッカーをする	172
축하합니다 おめでとうございます	161

춤을 추다 踊る	168
춥다 寒い	132
취미 趣味	171
취소하다 取り消す、キャンセルする	291
치마 チマ、スカート	239
친구 友達	57
친구를 만나다 友達に会う	88
친절하다 親切だ	226
칠 월 7月	117
칠 7	69
침대 寝台、ベッド	43

ㅋ

카드 カード	159
캐나다 カナダ	32
커피 コーヒー	69
컴퓨터 게임을 하다 コンピューターゲームをする	172
컴퓨터 コンピューター	286
컴퓨터실 コンピューター室	277
코 鼻	199
콘서트 홀 コンサートホール	299
콜라 コーラ	101
콧물이 나다 鼻水が出る	200
크다 大きい	188
크리스마스 クリスマス	299
키 背たけ	239
키가 작다 背が低い	239
키가 크다 背が高い	142

ㅌ

타다 乗る	210, 213
택시 タクシー	212
터키 トルコ	32
테니스를 치다 テニスをする	87, 117
테니스장 テニスコート	197
텔레비전 テレビ	43
토요일 土曜日	87, 119
팀 チーム	260

ㅍ

파란색 青色	239
파리 パリ	219
팔월 8月	117
팔 腕	199
팔 8	69
편지 봉투 封筒	264
편지 手紙	57
편찮으시다 病気になられる	147
포도 ブドウ	101
폭포 滝	224
표 切符、チケット	290
표를 사다 切符(チケット)を買う	291
푹 쉬다 ぐっすり休む	202
푹 ぐっすり	199
피곤하다 疲れる	168
피아노를 치다 ピアノをひく	172
필요하다 必要だ	299

ㅎ

하나 1	69
하늘 空、天	142
하다 する	55
하루 1日	175
학교 学校	44
학교에 가다 学校に行く	71
학생 学生	34
학생이다 学生だ	98
학생 식당 学生食堂	286
학생증 学生証	286
학생 회관 学生会館	279
한국 韓国	32
한국 사람 韓国人	33
한국어 韓国語	71
한라산 漢拏山(ハルラサン)	223
한 번 1度	181, 188, 237
한복 韓服	237
－한테 (誰か)に	299
할머니 おばあさん(祖母)	145
할아버지 おじいさん(祖父)	145
할인 割引	290
함께 一緒に	263
항구 港	213
항상 いつも、常に	174
행복하게 幸福に、幸せに	159
행복하다 幸福だ	145
허리 腰	199
형 兄(弟が兄を言うとき)	69
호수 湖	224
호주 オーストラリア	32
호주 사람 オーストラリア人	33

호텔 ホテル	225
혼자 一人	260
화가 나다 腹が立つ	252
화를 내다 腹を立てる	253
화요일 火曜日	117
화장실 化粧室	209
회사 会社	85
회사에 가다 会社に行く	71
회사원 会社員	31
휴가를 가다 休暇をとる	134
휴게실 休憩室	278
휴대 전화를 끄다 携帯電話を切る	292
휴대 전화를 사용하다 携帯電話を使用する	280
흐리다 曇っている	132
힘이 없다 力がない、疲れた	209

訳者

徐周煥（ソ・ジュファン）
1977年生まれ。慶應義塾大学環境情報学部に学ぶ。
その後、米国サンフランシスコ州立大学に留学。
現在、著述・翻訳業で活躍中。

韓国語の第一歩　ライティング

2009年8月15日　第1刷発行

企　画	韓国・国立国語院／韓国語世界化財団
著　者	イ・ヘヨン／キム・ジョンファ／パク・ナリ
訳　者	徐周煥（ソ・ジュファン）
発行者	前田俊秀
発行所	株式会社 三修社
	〒150-0001 東京都渋谷区神宮前2-2-22
	TEL　03-3405-4511
	FAX　03-3405-4522
	振替　00190-9-72758
	http://www.sanshusha.co.jp
	編集担当　斎藤俊樹
印刷製本	Pod Korea

©2009, Printed in Korea
ISBN978-4-384-01873-8 C1087

〈日本複写権センター委託出版物〉
本書を無断で複写複製（コピー）することは，著作権法上の例外を除き，禁じられています。本書を
コピーされる場合は，事前に日本複写権センター（JRRC）の許諾を受けてください。
JRRC〈http://www.jrrc.or.jp　email:info@jrrc.or.jp　Tel:03-3401-2382〉

本書は韓国・ハンリム出版社発行『Writing Korean for Beginners』を許可を得て、日本人学習者用に翻訳・編集したものである。